스피노자

지성 개선론

스피노자
진리와 행복을 찾아서
SPINOZA

필립 아마도 각색 및 그림

조현수 옮김

엘리자베스에게.

친절하게도 이 만화를 초고의 상태에서 읽어봐 주시고
작업을 계속해 나가도록 나를 격려해 주신
P. F. M에게 크게 감사드린다.

소개

이 만화는 세 부분으로 구성됐다.

첫 번째 짧은 부분은 많은 이가 해설한 저 유명한『지성 개선론』의 첫 구절, "POSTQUAM me Experiena docuit, [...]"("경험이 나에게 ... 가르쳐 준 후에...")라는 구절을 허구의 만화로 구성했다. 여기서 스피노자가 말하는 '경험'이 어떤 것인지를 간략하게 살펴봤다.

두 번째 부분은 스피노자가 남긴 저술의 내용을 하나하나 단계적으로 각색했다. 이 작업에서 원래 책에 포함됐던 몇 구절을 생략했는데, 그중 몇몇은 당시에는 의미가 있었으나 오늘날에는 스피노자 철학을 이해하는 데 별로 도움이 되지 않는 비판에 대한 대응이고, 또 몇몇 대목은 단순화하기 위해서였다. 그렇지만 이 책은, 이 점을 잊지 말아야 하는데, 원래 미완성 작품인『지성 개선론』의 거의 모든 내용을 다뤘다.

스피노자의 원문 번역에는 아래와 같은 글꼴을 사용했다.

- 경험은 삶에서 일어나는 모든 일이 늘 허망하고 무익하다는 사실을 내게 가르쳐줬다.

필자가 설명한 글은 아래와 같은 손글씨체를 사용했다.

- 이것은 사과다.

필자는 이 책을 만들면서 무엇보다도 스피노자의 철학을 오늘날 독자들이 이해하게 하는 데 중점을 뒀다. 실제로 여기저기 난해한 대목이 있고, 심지어 전문가 사이에서도 해석이 서로 다른 내용이 있다는 사실도 유념해야 한다. 따라서 필자는 스피노자 저작의 깊은 의미를 이해하고자 많은 노력을 기울여야 했고, 비록 이 분야 전문가는 아니지만, 명확하고 일관성 있는 해석을 제시하려고 노력했다. 또한 이 책의 완성본을 제작하기 전에 저명한 스피노자 전문가에게 연필 스케치 전체를 보여주고 확인받는 절차를 밟기도 했다.

마지막으로 세 번째 부분에는 스피노자에 관한 간략한 전기를 담았다.

필립 아마도

암스테르담
1660년 무렵

나날이 번영하는 이 도시에서 한 젊은 청년이 자신의 길을 모색하고 있었다.
포르투갈 출신 이 청년의 이름은 벤투 드 스피노자였다.
유대인이었던 그의 가족은 이베리아 반도에서 자행된 가혹한 종교 박해를 피해서
작은 나라이지만 문화와 상업이 매우 발전한 네덜란드 공화국으로 망명했다.

스피노자는 동생 가브리엘과 함께 식료품점을 운영했다. 이 시기에 관해 알려진 바가 거의 없으니 세 가지 이야기를 상상해보자.

첫 번째 이야기
스피노자는 10년 전 작고한 철학자 르네 데카르트의 열렬한 독자였다. (아마도) 그는 식료품점 일을 마치고 나면 암스텔 강변에서 데카르트의 책을 즐겨 읽었을 것이다.

세 번째 이야기

내게 부나 명예는 중요하지 않다. 나는 클라라 마리아를 사랑한다. 내일 그녀에게 사랑을 고백할 것이다. 용기를 내서 나의 뜨거운 사랑을 맹세하고 결혼해달라고 할 것이다. 내가 나의 고약한 수줍음을 극복할 수 있다면, 나는 평화로운 행복을, 구름 한 점 없이 오직 부드러운 미소로만 빛나는 행복을 알게 될 것이다.

사랑의 환상이 무너진 상황을 묘사한 이 마지막 일화는 허구가 아닐지도 모른다. 이 일화는 장 콜레루스가 쓴 『스피노자의 일생』에 소개됐다.
젊은 클라라가 벤투가 아니라 토머스를 선택한 것이 진주 목걸이 때문이었다는 설명은 아마도 판에 박힌 설정일 것이다. 어쩌면 벤투보다 토머스가 젊은 처녀의 심장을 더 두근거리게 했기 때문일지도 모른다. 아마도 벤투는 자기 마음을 달콤하게 표현하는 기술이 별로 뛰어나지 못했을 것이다. 몇몇 철학자가 그랬던 것처럼, 벤투에게도 평생 아내가 없었다.

반 덴 엔데의 외동딸 클라라는 음악에도 재능이 있었지만, 라틴어도 완벽하게 구사해서 때로 아버지를 대신해서 학생들을 가르치기도 했다.
스피노자는 그녀를 여러 차례 만나 대화하다가 그녀를 사랑하게 됐고, 그녀와 결혼하고 싶어 했다. 단지 그녀의 미모만이 아니라, 그녀의 뛰어난 지적 능력과 다양한 재주, 쾌활한 성격이 스피노자와 반 덴 엔데의 또 다른 제자인, 함부르크 출신 청년 케르케링의 마음을 사로잡았다. 케르케링은 라이벌의 존재를 알아차렸고, 당연히 질투를 느꼈다. 그는 자신이 흠모하는 클라라 곁에 더욱 바싹 달라붙었고 더욱 공을 들였으며 마침내 소원을 이루게 됐다. 물론 그가 클라라에게 선물한 2~3센트 금화의 가치를 가진 진주 목걸이도 그녀의 호의를 얻는 데 한몫했을 것이다. 그녀는 그와 결혼하기로 약속했고, 케르케링의 누이가 나중에 루터교를 버리고 가톨릭으로 개종했어도 이 약속을 지켰다.

장 콜레루스 『스피노자의 일생』 1706.

린스부르그, 1661년

스피노자는 출생지 암스테르담을 떠나 작은 전원 마을에 정착했다. 추방당한(헤렘) 뒤에 그는 자신이 속했던 공동체에서 멀어지기를 원했던 걸까? 아니면 자신의 허약한 건강에 좋은 곳을 찾아 이사한 걸까? 아니면 라이덴 대학과 가까운 곳으로 간 걸까? 확실한 이유는 알 수 없다. 단지 그가 거기서 허름한 시골집의 작은 방을 세냈고, 거기서 조용히 철학과 광학 연구에 전념할 수 있게 됐다는 사실만을 알고 있다. 그는 또한 데카르트의 철학과 기하학을 개인적으로 가르치기도 했고, 데카르트주의에 푹 빠진 이단적인 지식인들과 스콜라철학적인 아리스토텔레스주의에서 벗어나 새로운 철학을 모색하던 집단과 교류하기도 했다.

현미경이나 안경 렌즈 연마의 전문가가 된 그는 자기가 제작한 렌즈를 유명한 천문학자이자 물리학자인 크리스티안 호이겐스에게 팔기도 했다.

그는 자신의 작은 방에서 암스테르담 시절에 시작했을 저술 중 하나를 꾸준히 써나갔다.

Tractatus de Intellectus Emendatione

Postquam me Experientia docuit, omnia, quae in communi vita frequenter ocurrunt, vana et futilia esse

스피노자

진리와 행복을 찾아서

사물에 대한 참된 인식에 도달하도록
지성을 인도할 가장 좋은 길에 관하여

지성 개선론

경험은 삶에서 일어나는 모든 일이 늘 허망하고 무익하다는 사실을 내게 가르쳐줬다. 그리고 내가 인간이나 사물에서 두려워하는 모든 것은① 그 자체가 좋은 것이나 나쁜 것이 포함하기 때문이 아니라 그것이 내 정신에 영향을 미치는 방식이 그렇다는 사실을 알게 됐기에 진정으로 좋고 또 내 안에서 퍼져 나갈 수 있는② 어떤 것이 존재하는지를 탐구하기로 했다. 그 어떤 것이란 다른 모든 좋은 것을 대체할 수 있는 유일한 선(좋은 것), 그것만으로 내 정신을 온통 가득 채울 수 있는 선(善), 그것을 발견하거나 얻기만 하면 상시적이고 영원한 최상의 기쁨을 누릴 수 있게 되는 것을 말한다.

그러나 이 탐구의 초기에는 과연 그런 최고의 행복이 존재하는지를 알지 못했다.

따라서 이런 미지의 행복을 탐구하는 데 시간이 필요했고, 따라서 일상의 사소한 행복을 얻으려는 시도는 포기했다.

이런 미지의 행복을 탐구하는 데는 너무 오랜 시간이 걸릴지도 모르고,

심지어 끝내 아무것도 찾지 못할 수도 있다.

그러면 나는 모든 것을 잃어버리거나 심지어 일상의 평범한 행복마저 놓칠 수 있다.

그래서 나는 일상의 소소한 행복을 포기하지 않고도 최고의 행복을 찾는 방법은 없는지 알고 싶었다. 혹은 이런 탐구에 나서기 전에 적어도 그것이 존재한다는 사실을 확인해줄 것이라도 발견할 수 있을지 알고 싶었다.

나는 자주 시도했으나, 성공하지는 못했다.

인생에서 가장 자주 일어나는 일이 무엇인지를 생각해 보게 되면, 또한 사람들이 가장 자주 하는 행동이 무엇인지를 생각해 보게 되면, 사람들이 최고의 행복이라고 평가하는 것은 다음의 3가지로 압축된다는 것을 알 수 있다.

부

명예

쾌락

명예의 추구는 정신을 한층 더 강력하게 사로잡는다. 왜냐하면 사람들은 명예를 그 자체로 좋은 것으로 믿고, 궁극적인 목적으로 여기기 때문이다. 게다가 명예는 후회 따위가 따르지 않으므로 가질수록 더 많이 가지고 싶어 하게 된다.

하지만 기대가 무산되면, 큰 슬픔이 생긴다.

게다가 명예를 추구하려면 다른 욕구의 대상을 포기해야 한다. 왜냐하면 자기 삶을 다른 사람들의 삶에 맞춰야 하기 때문이다. 남들이 피하는 것은 자기도 피해야 하고, 남들이 좇는 것은 자신도 좇아야 하기 때문이다.

내가 추구하는 미지의 큰 행복을 찾는 데 이 세 가지가 걸림돌이 된다는 사실을 알았기에,

나는 어느 한쪽을 선택해야 했고, 무엇이 내게 이로운지 알아야 했다.

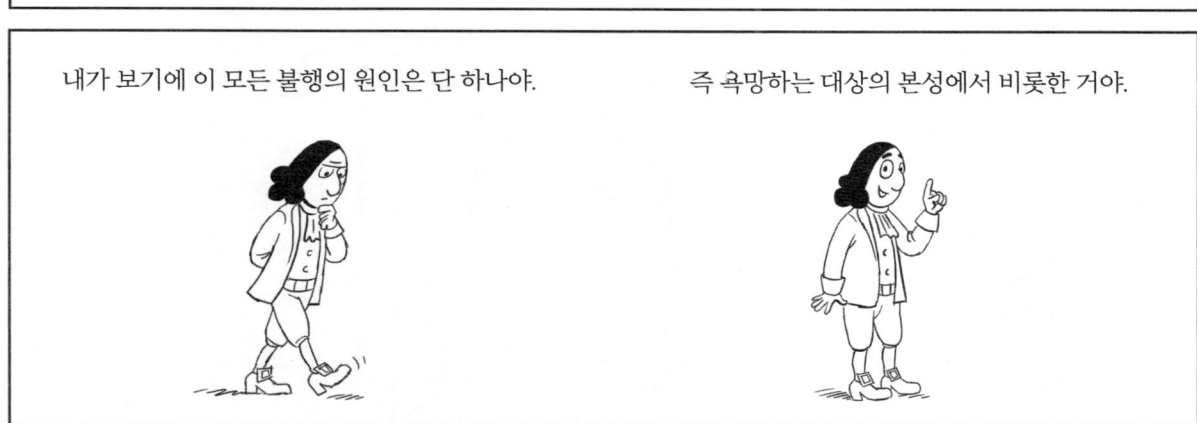

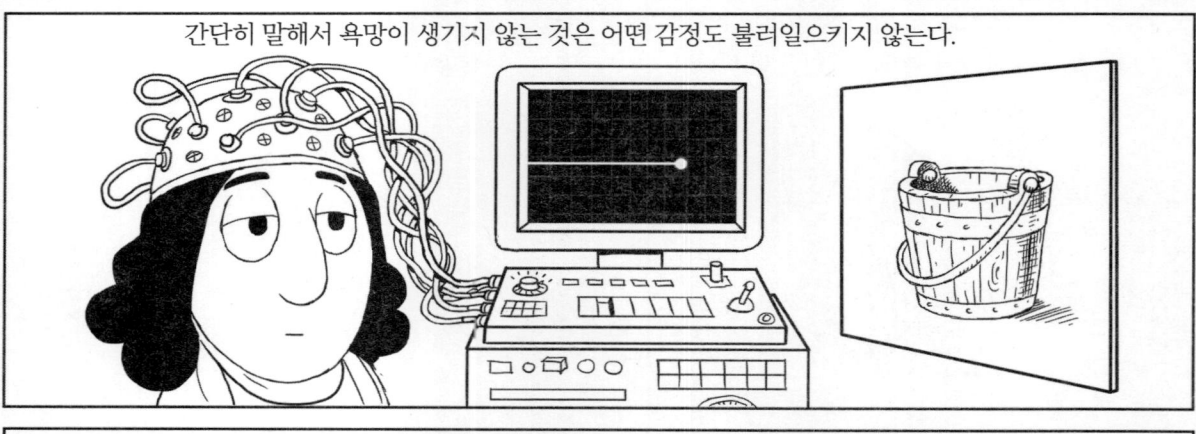

하지만 진정한 선과 그것에 이르는 방법을 생각하다 보면, 슬픔과 파탄으로 이어지는 일상적 행복을 찾지 않게 됐다.

최고의 선

이것은 내게 큰 위안이 됐다. 이 일상적 행복의 강박에서 벗어난 동안에는 완전한 행복을 찾으려는 계획에 전념할 수 있었기 때문이다.

그리고 내가 찾는 행복의 정체가 분명히 드러나면서, 이 특별한 성찰의 순간도 점점 더 잦아졌다.

아울러 돈, 육체적 사랑, 명예도 그것을 목적으로 삼을 때 위험할 뿐, 다른 목적에 도달하는 데 필요한 수단이 될 때는 얼마든지 유용할 수 있다는 사실도 깨달았다.

내가 '진정한 선'을 무엇으로 이해하는지, '최고의 선'이란 무엇인지 간단히 말해보자.

하지만 먼저 선(좋은 것)과 악(나쁜 것)은 그 자체로 존재하지 않는다는 점을 분명히 밝힌다.
똑같은 것을 어떤 때는 '좋은 것'이라고 하고, 또 어떤 때는 '나쁜 것'이라고 할 수 있다.

'완전하다'거나 '불완전하다'고 말하는 것도 마찬가지다. 모든 것은 자연의 영원한 질서와 이미 존재하는
법칙에 따라 결정되지만, 사람들은 나중에야 그 사실을 이해한다.

이런 사실을 이해하지 못하는 허약한 인간 정신은 사물을 있는 그대로 보지 못한다.
그래서 늘 모든 것을 비교하고, 좋거나 나쁘다고, 완전하다거나 불완전하다고 말한다.

그렇다면 이 '완전한 본성'이란 무엇일까?
그것은 물론 자연과 합일(合一)을 이룬 인간 정신의 인식이다.

이 문제는 나중에 다시 살펴보기로 하자.

스피노자가 최고 선을 향한 자신의 여정을 어떻게 묘사하는지 살펴보자. 스피노자는 여기서 일련의 원인과 결과가 연결되는 과정을 묘사하고, 이 인과관계에 따라 이뤄진 그의 결정은 모든 제약에서부터 벗어난 자유로운 선택이 아니라 삶의 필연성으로 나타난다는 사실을 알 수 있다.

"경험은 삶에서 일어나는 모든 일이 늘 허망하고 무익하다는 사실을 내게 가르쳐줬다."

스피노자는 자신의 주장을 이런 문장으로 시작했습니다. 그는 '나는 이렇게 또는 저렇게 생각한다'는 식으로 말하지 않습니다. 그는 경험, 즉 삶에서 일어나는 일을 우선시하죠. 삶 자체가 그가 느끼는 것의 원인인 셈이죠. 즉 그는 어떤 식으로 삶의 영향을 받을 뿐, 삶을 어떻게 판단할지를 자의적으로 정하지 않습니다. 삶이 그에게 이런 슬픔의 감정을 불어넣은 것이죠.
실로 사람은 자신의 생각에 따라 삶에 실망하도록 스스로 선택하는 걸까요?
사람은 스스로의 성찰에 의해 삶에 대해 더는 열정적이지 않기를 스스로 선택하는 걸까요?
그렇지 않다는 것은 분명해요. 왜냐면 이것은 (선택하는 것이 아니라) 겪게 되는 것이니까요. 물론 삶에서 일어나는 여러 사건에 직면한 모든 사람이 모두 이처럼 위축되지는 않을 거예요. 그렇다면 스피노자는 왜 삶을 이토록 허망하고 무익한 것으로 봤을까요?
그 이유는 아무도 모릅니다...

"사람은 그가 소유한 부 때문에 박해받을 수도 있고 살해당할 수도 있다."
"사람은 또한 돈이나 부가 탐나서 바보처럼 위험을 감수하다가 망할 수도 있다."
"명예를 얻으려다가, 또는 단지 그것을 지키려다가 불행하게 시달리는 사람도 또한 많이 있다."
"쾌락에 대한 지나친 탐닉으로 죽음을 앞당기는 사람도 역시 수없이 많다."

스피노자는 인간이 일반 성향에 따라 부와 명예, 쾌락을 좇는 것이 환상을 좇는 것에 불과하며 허망하고 무익할 뿐 아니라 고통이나 때이른 죽음의 원인이 된다고 생각했습니다. 그렇게 그는 인간이 흔히 추구하는 행복에 대한 깊은 불안에 빠져 있었죠.

"정신이 이 모든 것을 명료하게 지각해도 소용없었다. 나는 돈, 쾌락, 명예에 대한 사랑을 포기할 수 없었다."

스피노자는 상충하는 여러 욕망 사이의 내적 갈등을 해결하지 못한 자신의 무능력을 이처럼 확인하기도 합니다.

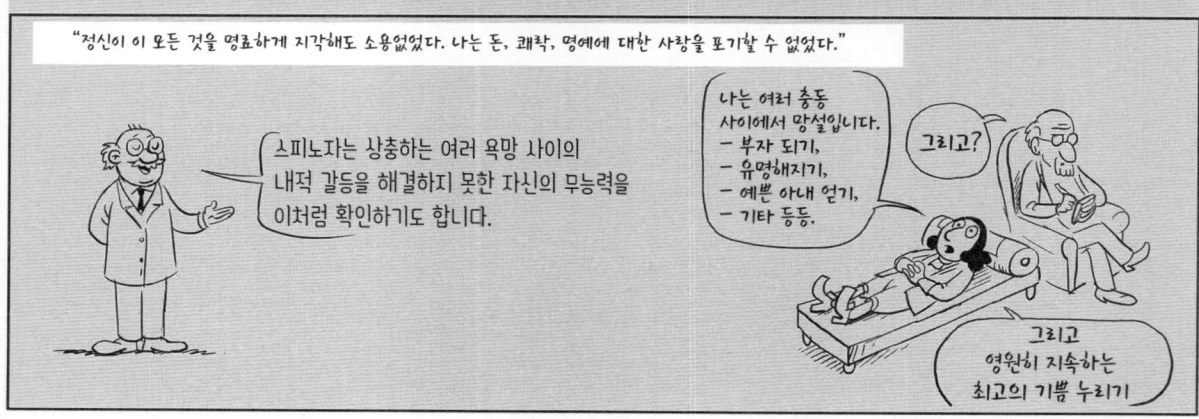

"그러므로 나는 나 자신을 마치 죽을 병에 걸려 온 힘을 다해 치료약을 찾지 않을 수 없게 된 병자처럼 생각하게 됐다. 아직 존재하지는 않지만, 그것에 나의 모든 희망이 걸린 그런 약 말이다."

원인과 결과가 멋지게 연결되죠! 여기에 자유의지는 없어요.

죽을 병

병자

치료약

"인간 정신의 허약함은 사물을 있는 그대로 보지 못하게 한다. 인간은 언제나 모든 것을 비교하고 싶어 하고, 사물이 좋거나 나쁘다고, 또는 완전하거나 불완전하다고 말하고 싶어 한다. 그리하여 인간은 자기 것보다 더 강한 인간의 본성이 존재한다고 상상한다."

스피노자는 '정신의 허약함'을 뜻하는 '어리석음'이라는 표현을 자주 사용해.

그의 생애와 탐구가 이 지점에 이르기까지는 스피노자도 남들과 마찬가지였어요. 그도 모든 것을 좋은 것과 나쁜 것으로 구분하고 비교하는 정신의 허약성을 보였죠. 또한 그는 자주 인간의 삶에서 불행을 보기에, 인간의 이런 평범한 본성을, 그 자신을 위해서나 남들을 위해서나 더 낫다고 믿는 완전한 본성과 비교하곤 했죠. 이처럼 그가 탐구에 나서기로 한 것은 자유의지의 결정이 아니라 인간 정신의 허약성에서 비롯했습니다.

그는 자유로워지도록 결정됐던 거네요!

"그것은 내게 큰 위안이 됐다. 실제로 내가 이런 일상적인 강박에서 벗어난 동안에는 완전한 행복에 대한 내 계획에 대해 효과적으로 성찰할 수 있었기 때문이다."

스피노자는 자기 내적 갈등에 대한 이 모든 성찰이 그 자체로 일종의 치유법이 된다는 사실을 깨달았습니다. 그의 정신을 차지하기 시작한 이 새로운 생각이, 그때까지 그가 완전히 물리치지는 못했던 부나 명예, 육체적 사랑에 대한 욕망을 조금씩 대체하기 시작했던 거죠.
따라서 이것도 자유의지에서 비롯한 중대한 결정이 아니라 단지 자연스러운 심리적 과정이라고 볼 수 있겠죠.

치유될 가능성을 생각한다는 것 자체가 벌써 내게 위안을 주기 시작해.

반창고 같은 생각?

이것이 스피노자가 자신을 최고의 선을 향한 탐구의 길로 인도한 여러 사건이 어떻게 연결됐는지를 소개한 방법입니다.
먼저 일상적 행복에 대한 불신이 있고, 더 나은 인간의 본성이 존재한다는 가정을 세우게 되고, 해결책을 찾게 하는 불안한 망설임이 생기며, 이런 과정에 따라 시작된 생각이 위안의 근원이 되고, 결국 일상적인 욕망에서 해방된 정신이 그 덕분에 최고의 선을 성찰하는 일에 집중하게 된다는 거죠.

좋아. 점점 더 좋아지는군.

난 이제 정신을 치유하게 해주는 글을 쓸 거야!

따라서 완전한 본성을 얻는 것이 내 목표이다.

또한 다른 많은 사람이 나와 함께 완전한 본성을 얻을 수 있게 내가 노력하는 것도 내 목표이다.

그렇게 남들의 지성과 욕망이 내 지성과 욕망에 완전히 합치하게 되는 것이 나의 행복이다.

그러려면 자연에 대한 충분한 인식이 필요하다.

그리고 가장 많은 사람이 가장 확실하고 가장 쉽게 목표에 도달할 수 있게 해주는 사회를 만드는 것도 필요하다.

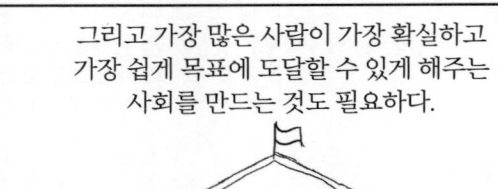

또한 도덕 철학에 관심을 기울여야 하고

어린이 교육에 대한 이론에도 관심을 기울여야 한다.

신체의 건강은 목표 달성에 필수적이므로 의학에도 그에 합당한 위치를 부여해야 하고,

기술은 일상생활의 편의를 크게 개선하므로 역학 또한 소홀히 해서는 안 된다.

이런 규칙들을 세우고 나면, 목표 달성을 위한 그 다음 첫 번째 과제는
지성을 완전한 것이 되도록 개선하는 일이다.
인간의 주요 인식 방식이 어떤 것인지 살펴보며 이 논의를 시작해보자.

1 들어서 생긴 인식 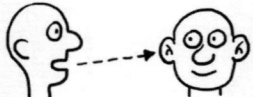 일반적으로 통용되는 언어나 기호를 통해 생긴 인식

2 불확실한 경험으로 생긴 인식④  삶에서 겪는 우연한 사건을 통해 생긴 인식

3 부적합한 연역으로 생긴 인식  불완전하거나 너무 일반적인 원인에 의한 설명을 통해 생긴 인식

4 직관으로 생긴 인식  단박에 생긴 전체적인 인식

불확실한 경험으로 생긴 인식*
(*살면서 우연히 겪는 경험에 따라 체계 없이 무작위로 얻는 인식)

이것은 살면서 이뤄지는 우연한 만남에서 얻는 인식으로,
이것을 반박하는 다른 경험이 생기지 않는다면 이런 인식의 유효성은 의심받지 않는다.

물은 불을 끈다.   기름을 부으면 불이 더 세게 타오른다.   나 역시 언젠가는 죽을 것이다.

개는 짖는 동물이다.   인간은 이성적인 동물이다.

우리는 살아가는 데 필요한 거의 모든 것을 지성에
의존하지 않고 이 같은 다양한 경험을 통해 배운다.

경험을 통해 축적되는 이런 인식 없이는,
발걸음 하나 제대로 옮길 수 없고
빵 한 조각 제대로 먹지 못할 거야.

이 빵 한 조각을
잡으려면 먼저
내 두뇌가 내 오른팔
근육을 자극해서
팔이 탁자 표면에 대해
23도 각도로 움직이게 하고,
그런 다음 손을 펴서 빵의 밑을
받치게 해야 하고, 그런 다음에
손가락들이 천천히 접히게 해야 하고...

부적합한 연역으로 생긴 인식

알려진 어떤 결과(예컨대, 어떤 감각)에서 출발해서 그 원인을 연역해서 얻었지만,
이 원인이 아무것도 결정적으로 설명해주지는 못하는 인식이다.

- 나는 내 몸을 느껴.
- 꼬집기
- 하지만 내가 피에르의 몸은 느끼지 못해.
- 아따!
- 따라서 내 정신은 내 몸과 **하나로 결합됐다**는 사실을 연역해서 알 수 있어.

하지만 너무 일반적인 방식으로 표현되는 **하나로 결합됐다**는 생각은
이런 감각이나 결합이 어떻게 이뤄지는지를 진정으로 이해할 수 있게 해주지 않는다.

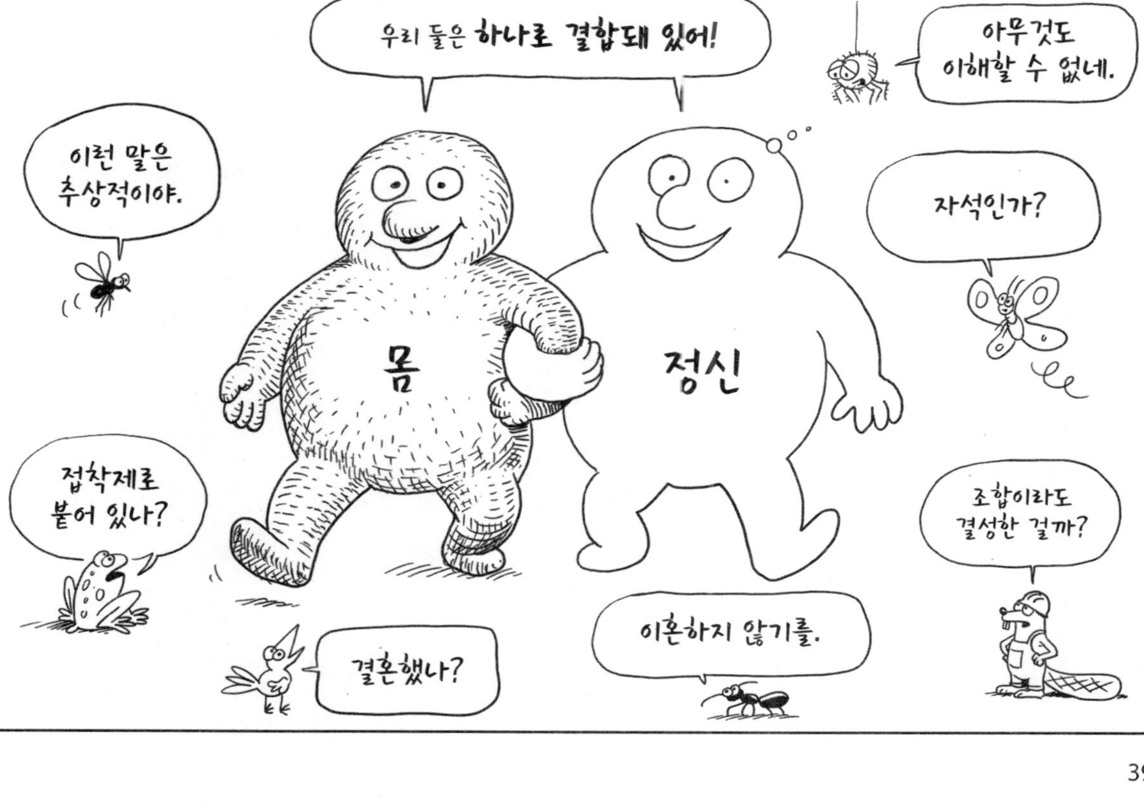

- 우리 둘은 **하나로 결합돼 있어!**
- 아무것도 이해할 수 없네.
- 이런 말은 추상적이야.
- 몸
- 정신
- 자석인가?
- 접착제로 붙어 있나?
- 결혼했나?
- 이혼하지 않기를.
- 조합이라도 결성한 걸까?

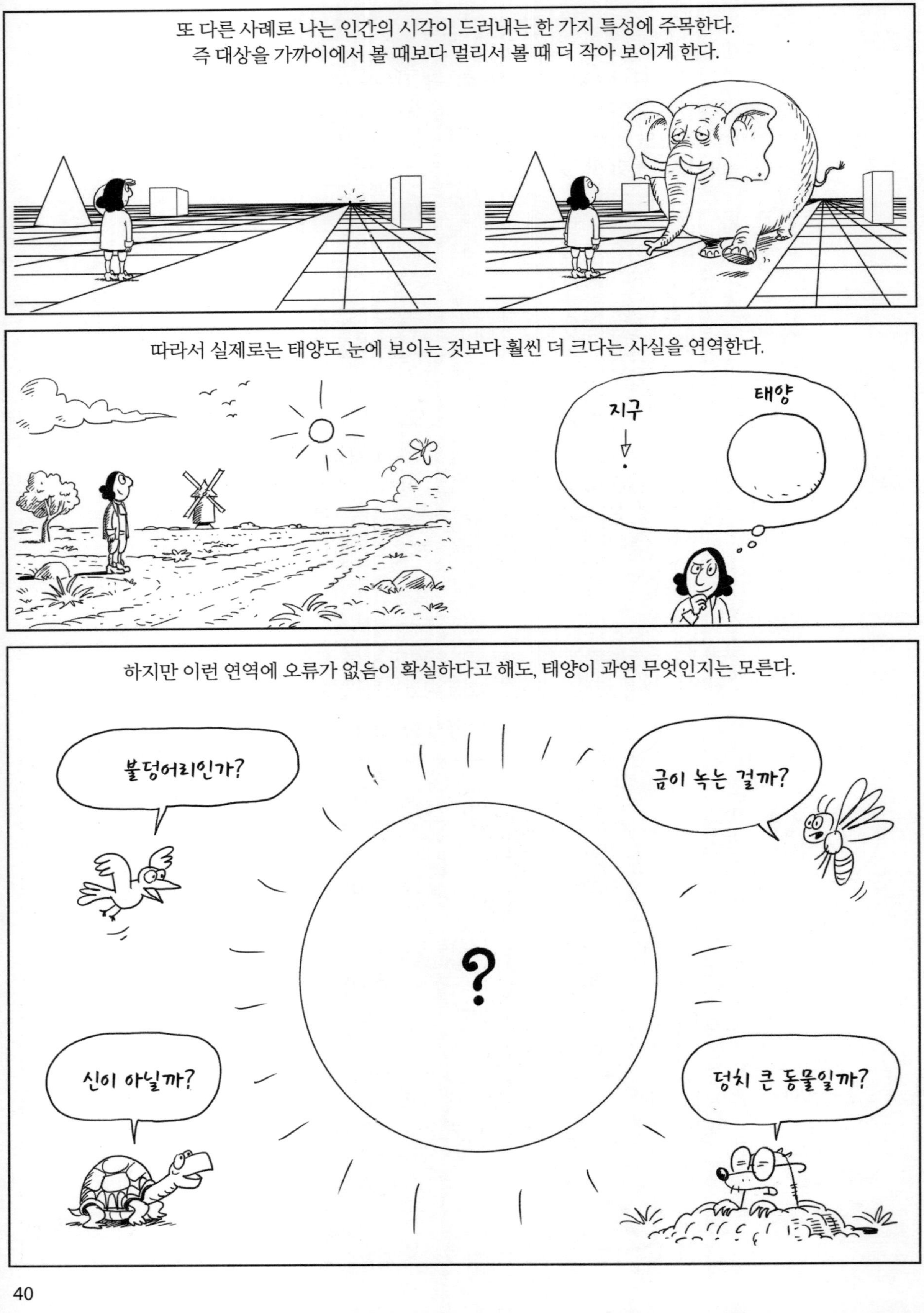

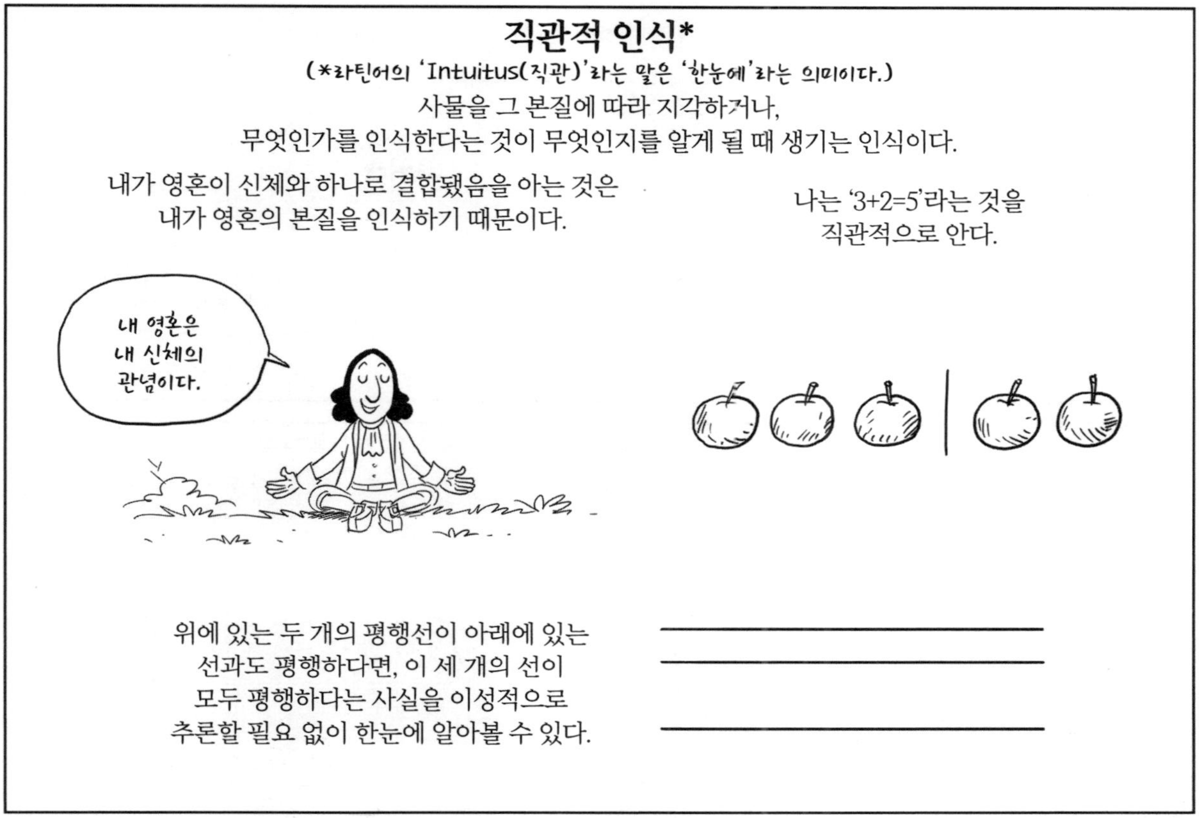

직관적 인식*
(*라틴어의 'Intuitus(직관)'라는 말은 '한눈에'라는 의미이다.)
사물을 그 본질에 따라 지각하거나,
무엇인가를 인식한다는 것이 무엇인지를 알게 될 때 생기는 인식이다.

내가 영혼이 신체와 하나로 결합됐음을 아는 것은
내가 영혼의 본질을 인식하기 때문이다.

나는 '3+2=5'라는 것을
직관적으로 안다.

내 영혼은
내 신체의
관념이다.

위에 있는 두 개의 평행선이 아래에 있는
선과도 평행하다면, 이 세 개의 선이
모두 평행하다는 사실을 이성적으로
추론할 필요 없이 한눈에 알아볼 수 있다.

그러나 나는 내가 지금까지 이런 직관적 인식으로
이해한 것이 극소수라는 사실을 알고 있다.

이처럼 서로 다른 인식을 더 잘 이해할 수 있게 하는 예를 하나 들어 보자.

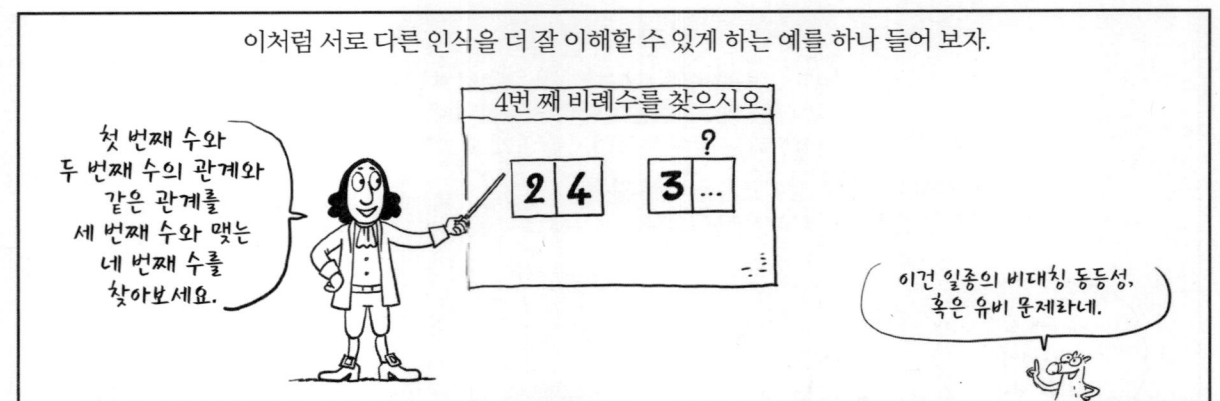

첫 번째 종류의 인식 : 들어서 생긴 인식
어떤 상인들은 학창 시절 수식의 증명이 어떻게 이뤄지는지는 모르는 채 단지 외워서 아는 계산법을 사용한다.

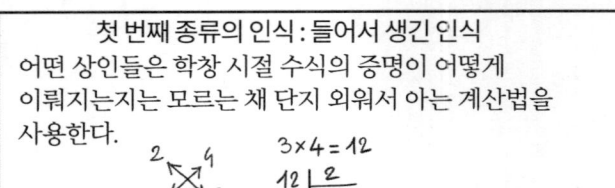

두 번째 종류의 인식 : 불확실한 경험으로 생긴 인식
어떤 사람들은 그때까지 잘 이용하던 간단한 계산의 경험을 바탕으로 모든 경우에 적용되는 보편적 공리를 완성한다.

세 번째 종류의 인식 : 연역이나 이성적 추론으로 생긴 인식. 이 둘은 같은 것이다.
수학자들은 유클리드의 공리에 따라 첫 번째 수와 네 번째 수의 곱을 두 번째 수와 세 번째 수의 곱과 같게 만드는 비례수의 특성을 알고 있다.

유클리드,
그리스, 기원전 300년
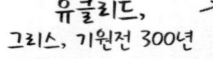

네 번째 종류의 인식 : 직관으로 생긴 인식
하지만 수학자들도 이들 수의 적합한 비례성을 보고 있지는 않다. 만약 이 적합한 비례성을 보게 된다면, 그것은 유클리드의 정리의 힘에 의해서 이뤄지는 것이 아니라, 아무런 연산 작업도 수행함이 없이 직관적으로 이뤄지는 것이다.

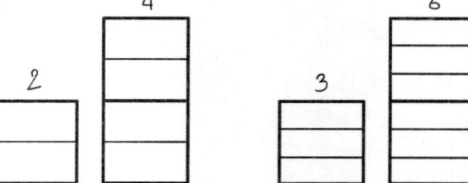

(오늘날 신경과학은 동물이나 인간에게 선천적으로 타고난 계산 능력이 있음을 입증하는 듯하다. 간단한 수의 경우 비례 관계 계산이 즉시 이뤄지는 것은 이런 능력 덕분이다. Andreas Niedler 참고)

하지만 가장 좋은 인식 방식을 선택하기 전에 '완전성'에 도달하려면,
먼저 자기 본성과 사물의 본성을 정확하게 인식하는 것이 중요하다는 사실에 주목해야 한다.

이는 사물들을 서로 달라지게 하는 것은 무엇이고

각각의 사물에 잘 맞는 것이 무엇이며

그것을 공격하는 것은 무엇이고

그것이 견딜 수 있는 것은 무엇이며

그것이 견딜 수 없는 것은 무엇인지를 규정하기 위해서다.

이는 또한 이 모든 것을 인간의 본성이나 그의 여러 능력과 결합해서
인간이 스스로 최상의 완전성에 도달할 방법을 찾기 위해서다.

이제 어떤 인식의 방식을 선택하는 것이 필요한지 알아보자.

들어서 생긴 인식

앞의 예에서도 봤듯이 몹시 불확실한 이런 인식 방식으로는 어떤 사물의 본질도 지각할 수 없다.

불확실한 경험으로 생긴 인식

이 두 번째 방식도 비례에 대한 관념을 제공하지 않는다.
이 인식 방식도 불확실하다. 이 방식을 자연의 사물에 적용하면 몇몇 부속적인 특성을 지각할 수는 있겠지만 그 내적인 본질은 지각하지 못한다.

부적합한 연역으로 생긴 인식

이 인식은 사물에 대해 오류 없이 이성적으로 추론할 수 있게 하는 관념을 제공한다. 하지만 우리가 추구하는 완전성을 얻는 데는 충분치 않다.

직관적 인식

네 번째 인식 방식을 선택해야 한다. 왜냐하면 이 방식만이 오류 위험 없이 사물의 적합한 본질을 포착하게 해주기 때문이다.

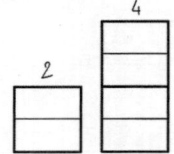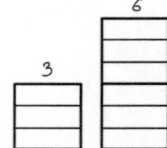

직관적 인식으로 미지의 사물을 가장 빠르게 인식하는 법을 어떻게 배울 것인가?

이 방법을 배우는 데 무한히 이어지는 탐구가 필요한 것은 아니다. 즉 이 방법을 탐구하려면 또 다른 방법이 필요하고, 이 두 번째 방법을 탐구하려면 세 번째 방법이 필요하고, 이 세 번째 방법을 위해 또 다른 방법이 필요한 식으로 무한히 계속할 필요가 있는 것이 아니다.

  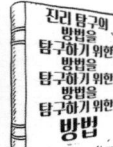  

이런 식으로는 어떤 인식에도 도달할 수 없다.

이런 '무한 퇴행'은 회의주의자들의 고전적인 반박 수법이었어요. 이들은 진리가 존재할 수 없음을 주장하려고, 하나의 진리는 다른 진리에 의해 보증돼야 한다고 했죠. 그러려면 이 다른 진리는 또다시 다른 진리에 의한 보증이 필요하고... 이런 식으로 무한히 계속되겠죠. 회의주의자들은 따라서 결정적인(최종적인) 보증을 해줄 수 있는 것은 없다면서 그러니 확실한 진리도 존재할 수 없다고 했죠. 스피노자는 이런 회의주의자들의 반박을 단박에 비판하고, 진리는 어떤 외적인 보증도 필요로 하지 않는다고 말합니다. 그에게 참된 관념과 확실성은 하나이고 같은 것이죠.

이것은 마치 철을 제련하려면 망치가 필요한데, 망치를 만들려면 또 다른 망치가 필요하고, 이 망치 또한 만들려면 또 다른 망치가 필요하므로 이 과정이 무한히 계속된다고 설명하는 것과 같다.

 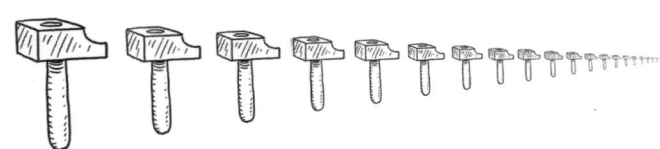

하지만 이런 식의 논변으로 인간은 무엇인가를 만들어낼 아무 능력도 갖추지 못했다고 주장하는 것은 쓸데없는 짓이다.

진실은 인간이 그의 타고난 도구를 사용하는 것으로부터 시작한다는 것이다.

이 타고난 도구를 이용해 먼저 어렵사리 초보적인 도구를 만들어낸다.

그런 다음, 이 초보적인 도구를 이용해서 더 개량된 도구를 만들어낸다.

그리고 이 개량된 도구 역시 더 나은 새로운 도구를 더 쉽게 만들 수 있게 해준다.

이런 식으로 계속된다.

가장 단순하고 어렵게 만들어진 것부터 시작해서 점차 쉽고 효과적인 것을 만들어가게 된다.

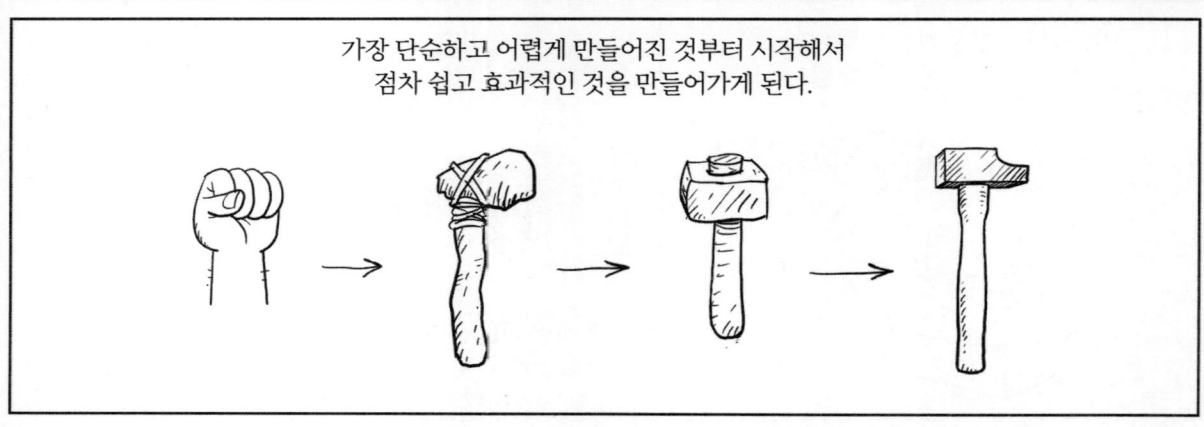

인간의 지성에 관해서도 사정은 마찬가지이다.
인간에게는 태어날 때부터 갖춘 지적 도구가 있다⑤

인간은 지적 도구로 단순한 작업부터 점점 더 어려운 작업을 해나간다.

매번 새로운 지적 도구를 만들고, 더 복잡한 작업을 점점 더 수월하게 하게 된다. 그리고 이 새로운 지적 작업이 새로운 지적 도구가 된다.

인류는 이런 식으로 발전했다.

최고의 지적 수준에 이를 때까지.

따라서 탐구 방법은 우선 이 타고난 지적 능력을 파악하는 데 있다.

그리고 이 능력을 연구하고 발전시켜야 한다.

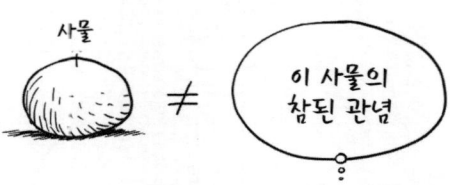
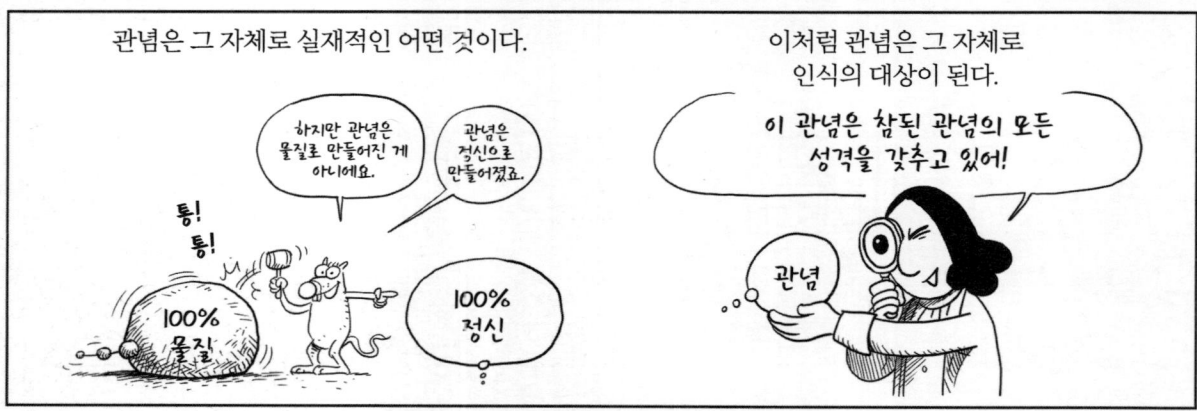

〈일타 교수의 한 말씀〉

'형상적 본질', '표상적 본질'이라는 표현은 스콜라 철학의 전통에서 비롯했습니다. 데카르트도 이런 표현을 사용합니다. 스피노자도 이 표현을 받아들이지만 거기에 다른 의미를 부여합니다.

스피노자는 자연의 모든 사물은 형상과 관념으로 이뤄졌다고 말합니다. 예를 들어 돌멩이의 본질은 한편으로 '연장(延長) 대상(공간, 물질)으로서의 돌멩이'[1]이며 다른 한편으로 '돌멩이의 관념으로서의 돌멩이'[2]라는 것이죠.

돌멩이의 형상적 본질
(물질적 실재)

돌멩이

돌멩이의 표상적 본질
(비물질적 실재)

물리적 대상으로서의 사물

자연 법칙들의 개별적 표현으로서의 사물

감각에 의해 지각됨

지성에 의해 지각됨

나중에 몇몇 사람은 이 이론을 '스피노자의 평행론'이라고 불렀습니다.

사유

연장(延長)[3]

사유에서 일어나는 사건과 연장에서 일어나는 사건은 서로 엄밀하게 대응합니다. 왜냐하면 스피노자가 말했듯이 필연적으로 하나이고 유일한 실체만이 존재하기 때문이죠.[4]

인간의 지성

단 하나인 실체

두 개의 속성
사유
연장

이 실체는 무한히 많은 속성으로 이뤄져 있음[5]

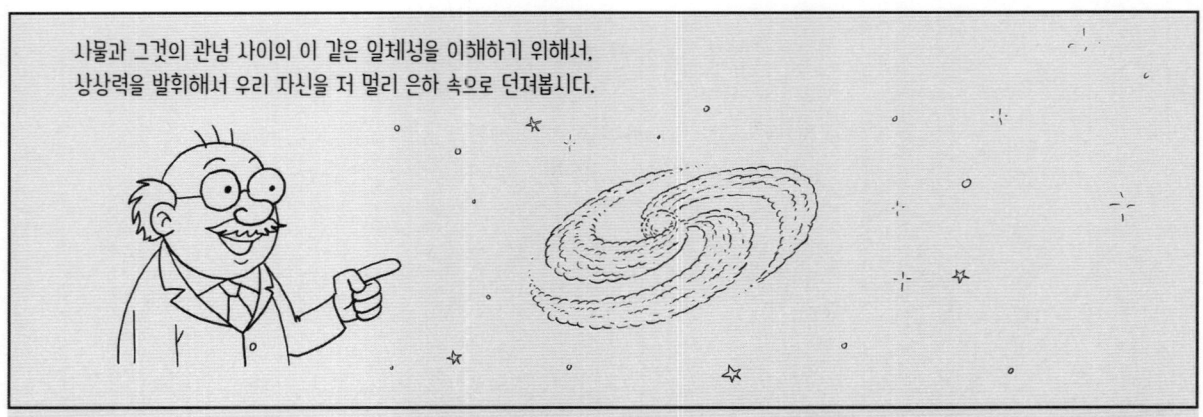

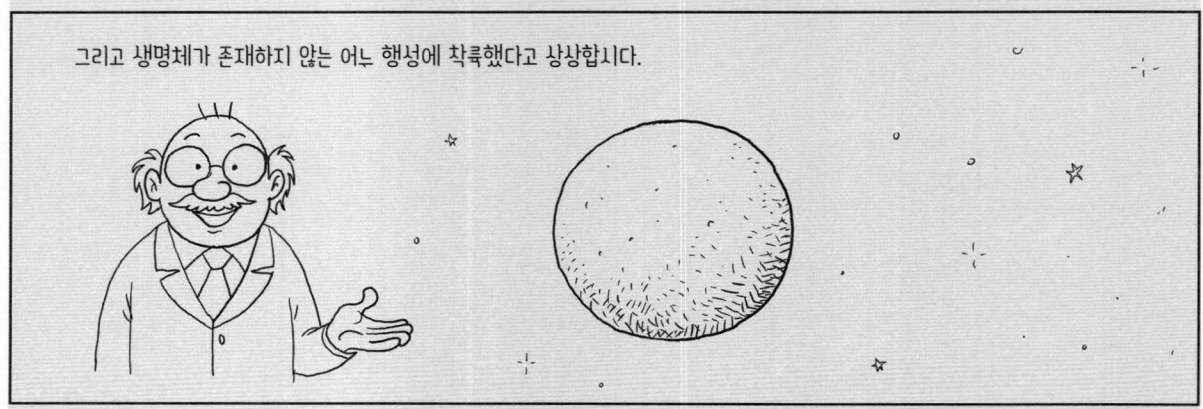

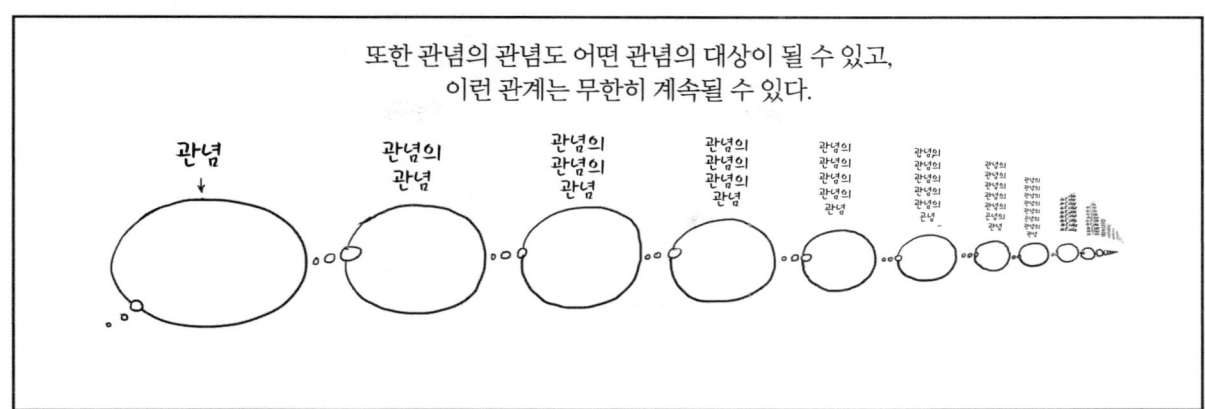

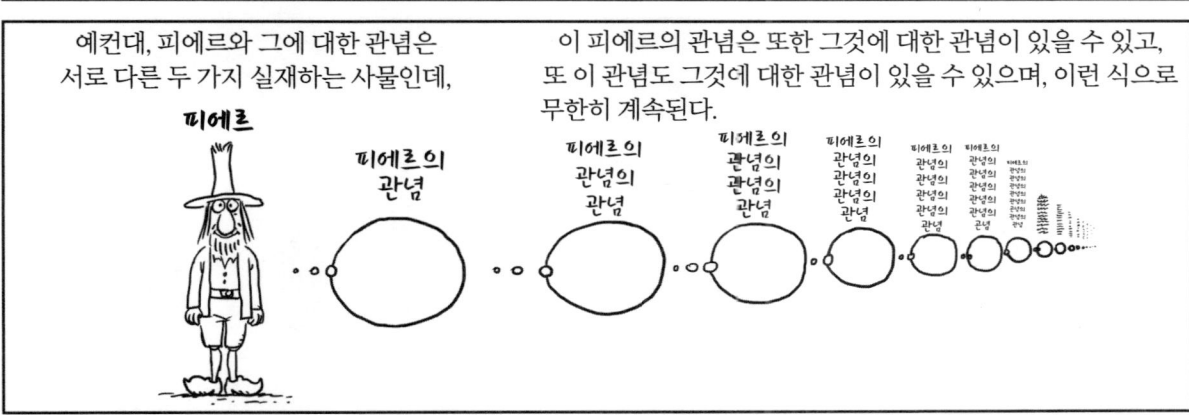

나는 이 사실을 경험을 통해 안다. 피에르에 대한 참된 관념이 있으면 나는 그가 누구인지 아는데, 나는 또한 그가 누구인지를 내가 안다는 사실을 알고, 또한 그가 누구인지를 내가 안다는 것을 안다는 것을 또한 알고, 이렇게 무한히 계속된다.

하지만 내가 또한 아는 것은, 피에르가 누군지 알려고 굳이 내가 피에르를 알고 있다는 것을 내가 알아야 할 필요는 없다는 것이다. 더욱이 이를 위해 내가 피에르를 알고 있음을 내가 안다는 것을 내가 알아야 할 필요도 없다.

따라서 진리의 확실성을 위해서는 표상적 본질을 갖는 것 외에 굳이 다른 것이 필요하지 않다는 사실이 명백해진다. 즉 우리가 형상적 본질을 감지하는 방식이 바로 확실성 자체이다.[6]

따라서 진리의 확실성을 위해 굳이 그것을 보증하는 어떤 외적 표식은 필요없다.
참된 관념을 갖는다는 것과 확실성을 갖는다는 것은 하나이고 같은 것이기 때문이다.

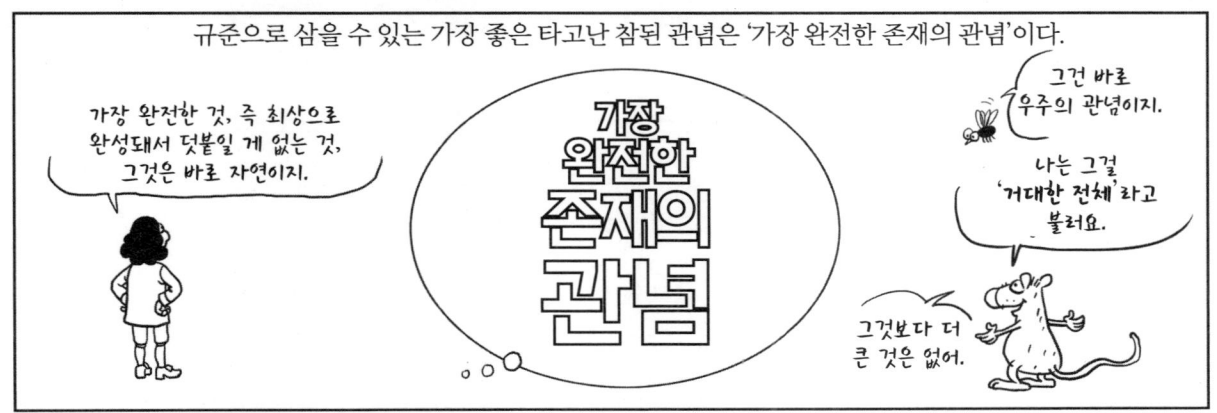

하나의 관념에 연관된 사물이 많을수록 그 관념은 우리의 정신에게 인식의 발전을 위해 더 많은 도구를 주게 된다는 사실을 쉽게 이해할 수 있다.

실제로 우리 안에는 이런 관념이 존재하고 있어서, 참된 관념인 그것과 다른 모든 지각들 사이의 차이를 이해할 수 있게 해주는 타고난 도구로서 작용한다.9)

관념들도 그들의 대상이 서로 상호 작용하는 것과 똑같은 방식으로 그들끼리 서로 상호 작용한다.

Resumamus jam nostrum propositum

우리 이야기를 요약해보자.

이제까지 우리가 살펴본 내용은 다음과 같다.

첫째   모든 생각이 그리로 나아가도록 지향하는 목적

둘째   완전성에 도달하는 데 가장 좋은 인식 방식

셋째   확실한 규칙에 따라 지속적으로 나아가려면 타고난 참된 관념에서 출발해야 한다는 과제

이 모든 것을 수행하는 방법은 다음과 같다.

첫째,   참된 관념을 나머지 다른 모든 관념들과 구분하기 아울러 정신을 이 나머지 다른 관념들에서 항상 멀리 떨어뜨려 두기

둘째,   미지의 사물들을 참된 관념의 규범에 따라 인식하는 데 필요한 규칙 제공하기

셋째,   쓸데없는 피로를 피하기 위한 질서를 확정하기

넷째,   가장 완전한 존재에 대한 인식에 가능한 한 가장 빨리 도달하기

방법의 첫 번째 부분

참된 관념을 다른 모든 지각과 구분하고, 정신을 단련시켜 거짓되거나 허구적이거나 의심스러운 관념을 참된 관념과 섞이지 않게 하기

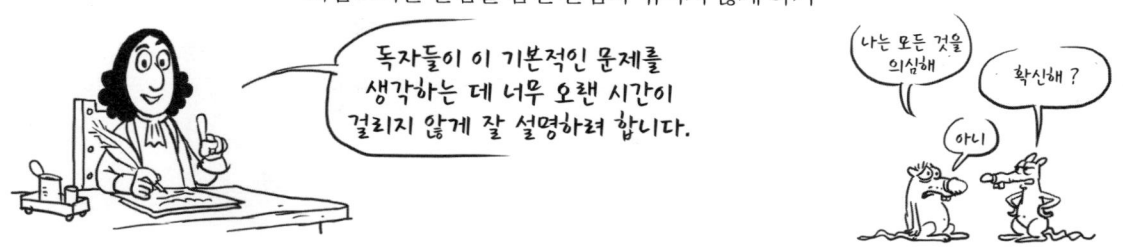

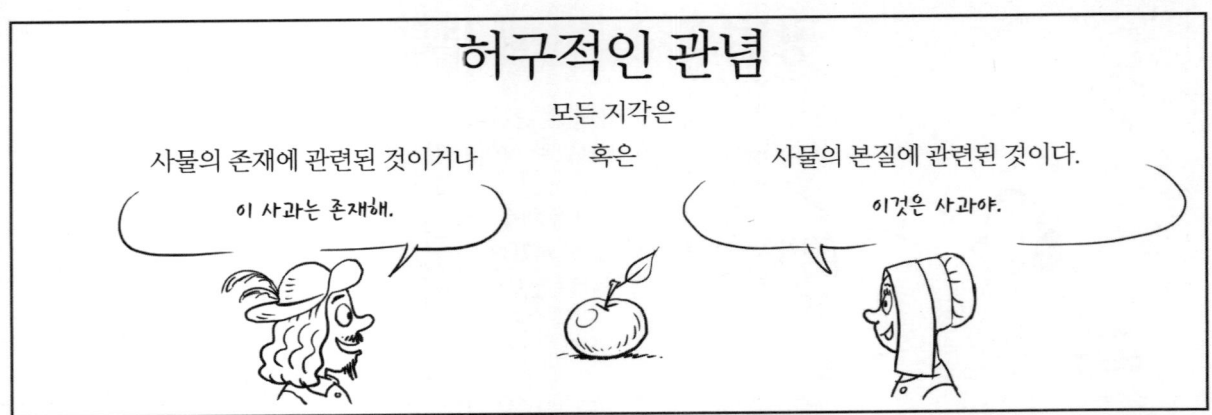
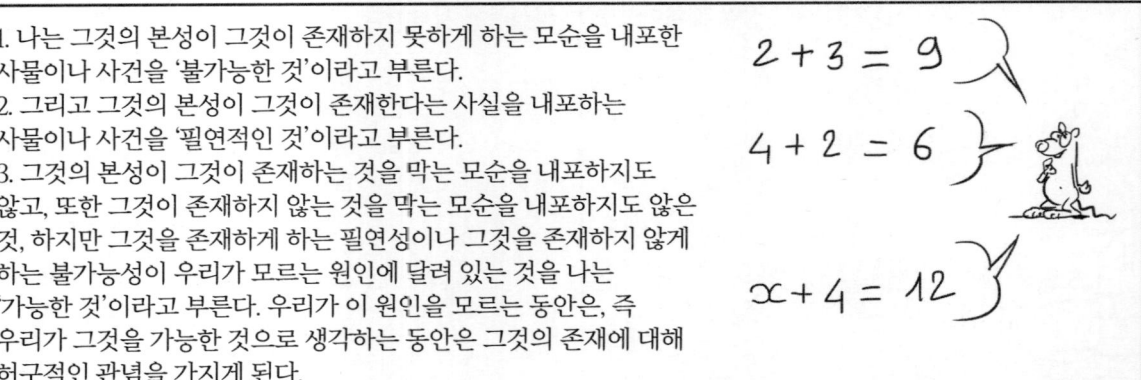

따라서 만약 신이나 전지(全知)적인 존재가 있다면, 그에게는 허구적 관념이 있을 수 없다.

내가 존재한다는 사실을 내가 알 때 나는 내 존재를 단순히 어떤 '가능한 것'으로 생각할 수 없다. 왜냐하면 나의 이런 존재는 그 자체로 저절로 드러나고, 별도의 증명이 필요없이 스스로 자기 실재성을 증명하기 때문이다.10)

또한 나는 '바늘귀를 통과하는 코끼리'라는 허구적인 관념을 만들어낼 수 없다.

마찬가지로 내가 신이 무엇인지 알 때(이 문제는 나중에 설명할 것이다), 나는 그의 존재나 비존재를 허구로 생각할 수 없다.11)

*『에티카』에서 설명한다.

이는 그것의 본성이 그것이 존재하는 것을 막는 모순을 내포하고 있는 키메라에게서도 마찬가지다.

이처럼 허구는 영원한 진리, 즉 긍정에서 부정으로 바뀌거나 부정에서 긍정으로 바뀌지 않는 진리에는 관련될 수 없다는 것이 명백하다.12)13)

- 신은 존재한다.
- 키메라는 존재하지 않는다.

이런 것은 영원한 진리이다.

- 아담은 생각한다.
- 아담은 생각하지 않는다.

이런 것은 영원한 진리가 아니다.

허구적인 것처럼 보이지만
사실은 그렇지 않은 관념의 개별 사례

이제 보통은 허구라고 생각되는 사례를 살펴보자. 가령, 우리가 누군가에게 지구란 오렌지 반쪽처럼 반구(半球)형으로 생겼다거나 태양이 지구 주위를 돈다고 말할 때 같은 경우 말이다. 물론 실은 이렇지 않고 지구가 둥글다는 것을 우리가 잘 알고 있음에도 그렇게 말할 때 같은 경우를 말이다.⑥

여기에는 우리가 앞서 말한 내용과 어긋나는 것은 없다. 왜냐면 실제로 예전에 이런 문제에 관해 우리도 잘못 알았던 적이 있고, 이제는 설령 우리가 예전의 잘못을 깨달았다고 해도 대화 상대방은 이런 문제에 관해 여전히 잘못 알고 있어서 지구가 반구형이고, 태양이 지구 주위를 돈다고 믿을 수 있기 때문이다.

따라서 우리는 대화 상대방이 잘못 알고 있으리라고 믿는 허구적 관념을 지어냈고, 그가 실제로 어떻게 생각하는지 모른다면 계속해서 이런 허구를 머리속에 간직한다. 이처럼 그가 잘못 알고 있으리라고 생각하는 것은 필연성과도 관련없고, 불가능성과도 관련없다. 그것은 단지 하나의 가능성과 관련있을 뿐이다. 이처럼 허구는 지구의 형태에 대해 내가 했던 이야기에 있는 것이 아니라, 대화 상대방의 무지함과 관련해 내가 했던 추정에 있다.

하지만 만약 내가 이 사람의 이러한 잘못 알고 있음이 불가능한 것이거나 또는 필연적인 것임을 알았더라면 나는 이런 허구를 지어내지 못했을 것이다.

그러므로 이런 상황을 두고 말할 수 있는 것은, 내가 어떤 필요에 따라 행동했다는 사실이다.

겉으로 보기에 허구인 것 같은 또 다른 예

이런 예는 사유 경험 중에 어떤 가정을 할 때 발견된다.
추론을 전개하는 출발점이 되는 계기는 흔히 불가능한 가정일 때가 많다.

예컨대, 다음과 같은 경우이다.

지금 타고 있는 이 초가 타고 있지 않다고 가정해보자.

또는

지금 이 초가 어떤 물체도 없는 상상적인 공간에서 타고 있다고 가정해보자.

우리는 불가능한 일임을 잘 알면서도 이 같은 가정을 한다.
하지만 이것은 완전한 허구가 아니다.

첫 번째 경우, 내가 한 것은 과거에 타고 있지 않았던 어떤 초를 내 기억에서 불러왔거나,

단순히 불이 붙지 않은 초를 상상하고 있는 것이다.

두 번째 경우, 사유를 추상화해서 내 사유에서 초를 둘러싼 모든 대상을 지워버리고
오로지 초만을 남겨서 그것에만 온통 집중하는 것이다.

이런 식으로 가정을 세우면, 어떤 추론을 전개할 수 있다.⑦
가령, '초의 주변 대상을 모두 제거하면 초를 무너뜨릴 수 있는 모든 원인이 사라지고,
초와 그 불꽃은 불변적으로 사라지지 않고 남게 된다'는 식으로 말이다.
여기에는 어떤 허구적인 관념도 없다. 단지 순수하고 참된 주장이 있을 뿐이다.15)

관찰한 현상과 잘 맞아떨어지는 천체 운동을 설명하려고 세운 가설은 바로 이런 것으로 이해해야 한다.

단지 이 경우에는 이 가설에서 천체 공간의 실제 본성에 대한 결론을 끌어내게 된다. 물론 천체의 운동을 설명하는 데 이런 가설이 제시하는 것 외의 다른 원인들을 생각해보는 것도 가능하다.

 17세기에 이뤄진 천문학적 관찰과 이로부터 얻은 결론의 한 예로 다음과 같은 것이 있습니다.

1610년, 갈릴레이가 처음으로 토성의 고리를 관찰했습니다.

1655년, 호이겐스도 관찰했죠.

그는 20배율 망원경을 사용해 관찰한 내용을 이렇게 기술했습니다.

"두 시종이 늙은 토성의 공전을 도우며 항상 그 곁에 붙어 있다."

그는 50배율 망원경을 사용해 관찰한 내용을 이렇게 기술했습니다.

"토성은 황도 쪽으로 기울어진 채 그것과 어느 지점에서도 닿지 않는 가늘고 편평한 고리에 의해 둘러싸여 있다."

20세기가 진행되는 동안 은하계 항성들이 점점 멀어지는 현상 같은 변화에 대한 관찰이 그 결론으로 빅뱅 가설을 세울 수 있게 해줬다. 하지만 이는 가설로만 남아 있다. 직접 관찰할 수 없기 때문이다.

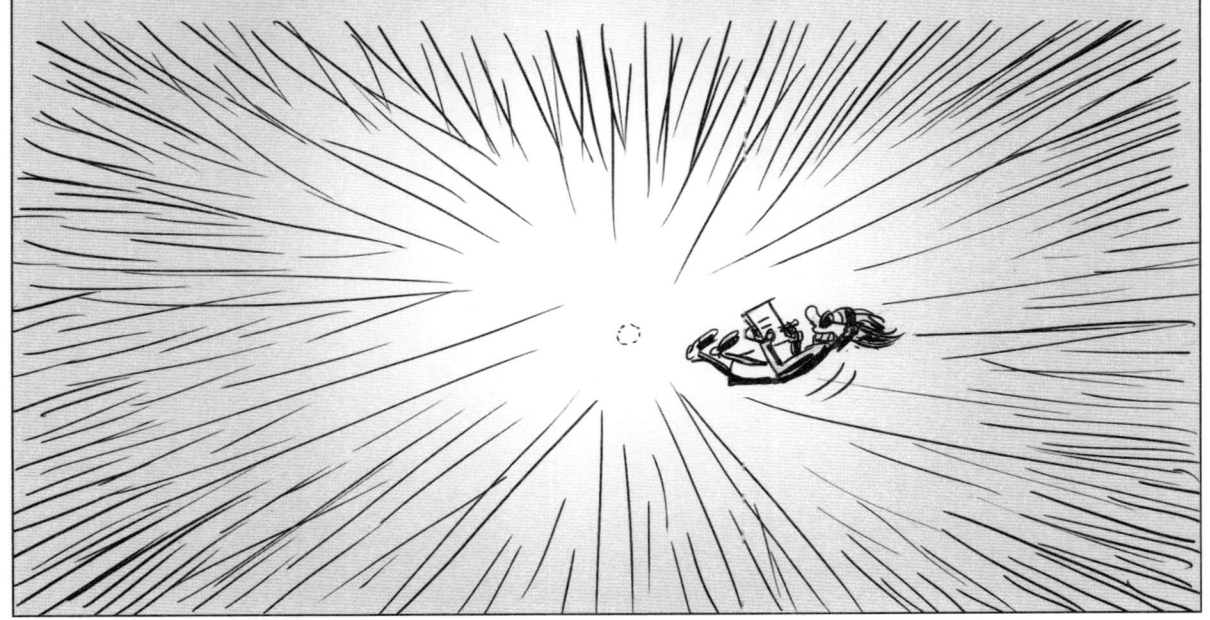

> # 허구적인 관념은
> 사물의 본질과만 관련있거나 동시에 그 존재와도 관련있다.

이와 관련해서는 다음과 같은 사항이 최대한 고려돼야 한다.

- 정신이 사물을 더 적게 이해하고 더 많이 지각할수록,
  허구적인 관념을 지어내는 능력은 더 많이 생긴다.
- 정신이 사물을 더 많이 이해할수록,
  허구적인 관념을 지어내는 능력은 그만큼 더 줄어든다.

'물체의 본성을 인식한다'는 것은 물질이 무엇인지를, 즉 공간이 무엇인지, '연장'이 무엇인지를 인식한다는 것입니다. 스피노자에게 물체는 유일하고, 무한하며, 불가분적(不可分的)인 실체의 여러 속성 중 하나죠. 이 점에서 그는 데카르트, 파스칼, 말브랑슈 같은 기독교 철학자들과 대립합니다. 이들에게 물체는 무한히 작고, 무한히 가분적인 것인 부분들에 의해 이뤄진 것이기 때문입니다.[16]

예컨대, 말브랑슈는 각각의 생명체 내부에는 무한히 많은 그의 모든 자손이 차례로 켜켜이 쌓여 있다고 상상합니다. 이렇게 해서 그는 신이 창조한 최초의 파리 같은 허구적인 관념을, 지구에 존재하게 될 무한한 세대의 모든 파리를 무한히 작은 형태로 자기 안에 모두 포함하고 있는 최초의 파리 같은 관념을 지어냅니다.

마찬가지로 파스칼은 「두 개의 무한」이라는 글에서 인간은 크기가 0.5밀리미터 남짓한 아주 작은 진드기 안에 들어 있는 무한히 많은 우주를 볼 수 있다고 상상합니다. 우리가 사는 이 가시적인 우주와 똑같은 비율로, 각기 창공과 행성과 지구를 갖춘 무한한 우주를 상상한 거죠. 진드기 속에 들어 있는 지구에는 수많은 동물이 살고 있고, 진드기들도 들어 있어서, 이 진드기 안에서 처음 것과 똑같이 무한히 많은 우주가 존재한다고 생각했습니다. 이처럼 같은 것을 다른 것 속에서 계속해서 발견하는 과정은 끝도 없고 쉼도 없이 계속된다고, 파스칼은 믿었습니다.

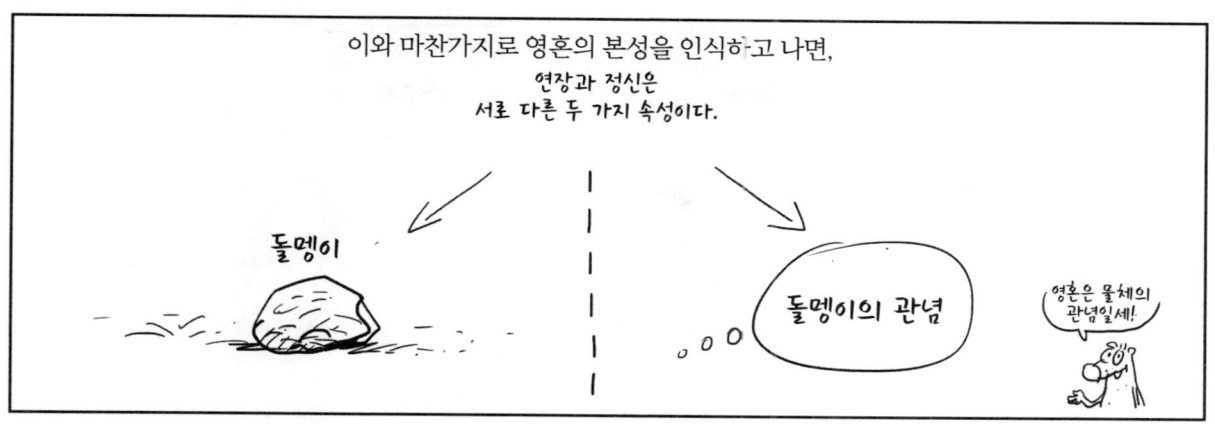

자연에 관해 적게 알고 있을수록, 이 같은 유형의 허구를 많이 지어낸다.

'말하는 나무' 같은 허구나

사람이 돌로 변한다는 허구나

거울에 유령이 나타난다든지

갑자기 뭔가가 나타난다든지

짐승으로 변신하는 신이라든지

사람으로 변신하는 신이라든지

등등

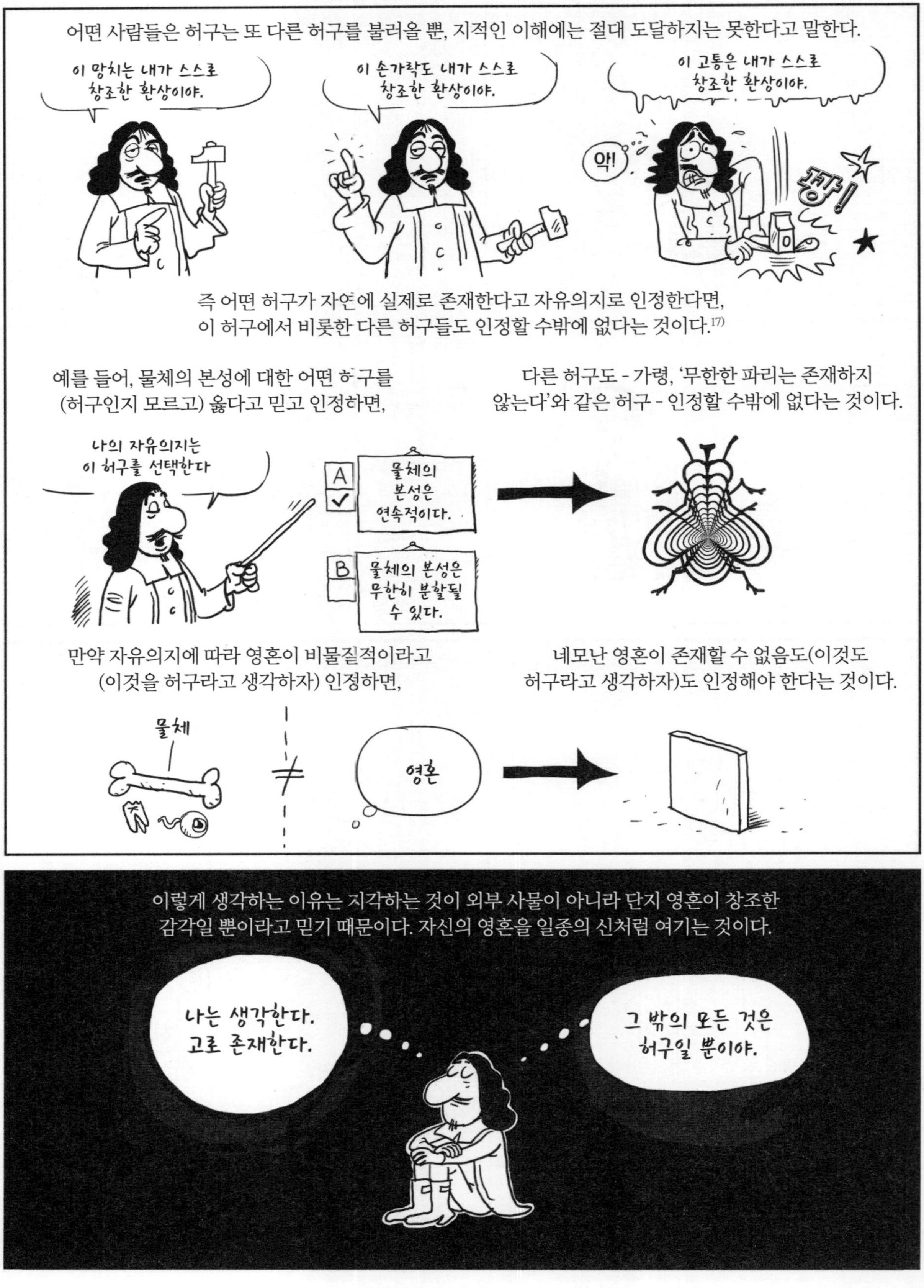

정신이 허구적이며 본성상 거짓인 어떤 것을 잘 파악하고 이해하려고 주의를 기울인다면, 그리고 그것에서 연역할 수 있는 사실을 올바른 순서에 따라 잘 연역하면, 정신은 그것이 거짓임을 쉽게 밝힐 수 있다.

→ 영혼과 신체(물체)는 서로 다른 두 개의 사물이다.
→ 단지 물체만이 빛날 수 있다.
→ 그러므로 영혼은 빛나지 않는다.
→ 그러므로 별은 영혼이 아니다.

만약 허구적인 어떤 것이 그 본성상 참이라면, 그리고 정신이 그것을 이해하려고 주의를 기울인다면, 정신은 중단 없이 순조롭게 앞으로 나아갈 수 있다.

→ 단지 물체만이 빛날 수 있다.
→ 물체는 열이 아주 높아질 때(불) 빛을 낸다.
→ 태양은 빛과 열을 내는 별이다.
→ 태양은 우리에게 더 가까운 별이다.
→ 기타 등등...

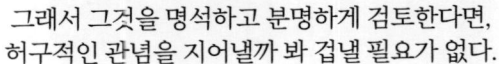

예컨대 사람이 갑자기 동물로 변신했다고 말한다면, 그래서 그것을 명석하고 분명하게 검토한다면, 허구적인 관념을 지어낼까 봐 겁낼 필요가 없다.

정신에 그것에 대한 개념이나 관념이 전혀 없는 상태에서 지극히 일반적인 방식으로 그 말을 한 것이다.

다시 말해서 이 표현에서 주어(사람)와 술어(동물로 변신함) 사이의 어떤 실질적 관계도 찾아볼 수 없다는 것이다.

'뽕'이라니, 그게 뭐야?

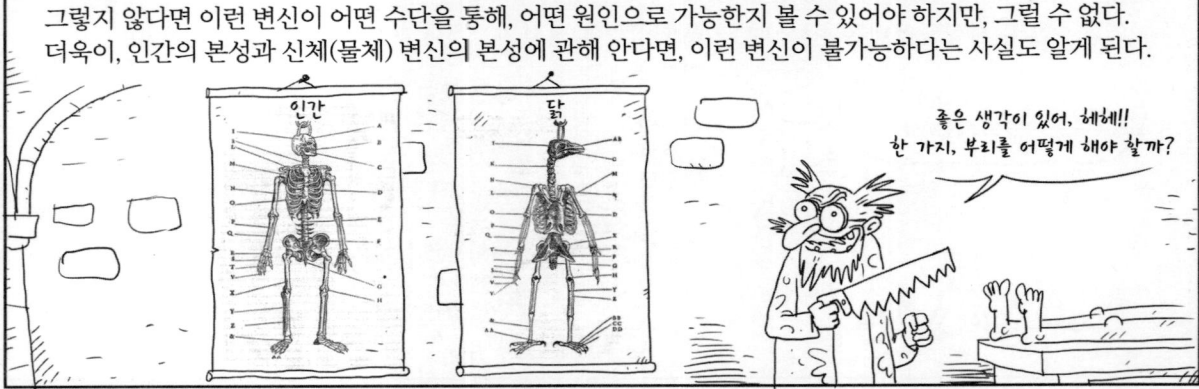

그렇지 않다면 이런 변신이 어떤 수단을 통해, 어떤 원인으로 가능한지 볼 수 있어야 하지만, 그럴 수 없다. 더욱이, 인간의 본성과 신체(물체) 변신의 본성에 관해 안다면, 이런 변신이 불가능하다는 사실도 알게 된다.

좋은 생각이 있어, 헤헤!! 한 가지, 부리를 어떻게 해야 할까?

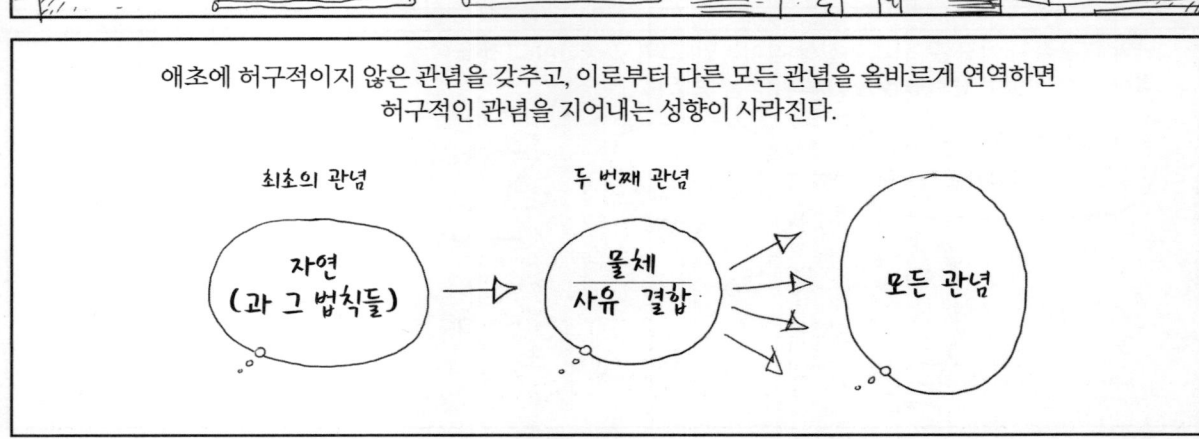

애초에 허구적이지 않은 관념을 갖추고, 이로부터 다른 모든 관념을 올바르게 연역하면 허구적인 관념을 지어내는 성향이 사라진다.

> 허구적인 관념은
> **혼잡한 관념이다.**
> 그것은 명석판명하지 않다.[18]

혼잡은 정신이 어떤 사물의 일부만을 인식하는 데서 온다.

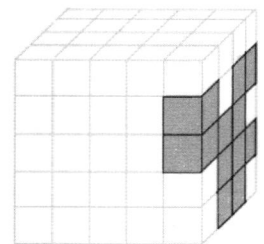

또는

혼잡은 정신이 어떤 사물 전체를 인식하지만, 이 전체 중의 어떤 부분을 모르고, 그런 사실을 모를 때 생긴다.

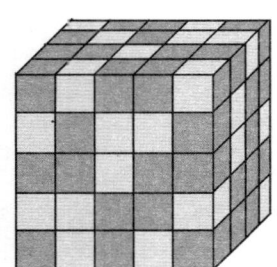

이로부터 아주 단순한(다른 것과 구분되는) 관념은
필연적으로 혼잡스럽지 않다는 사실이, 즉 명석하다는 사실이 밝혀진다.

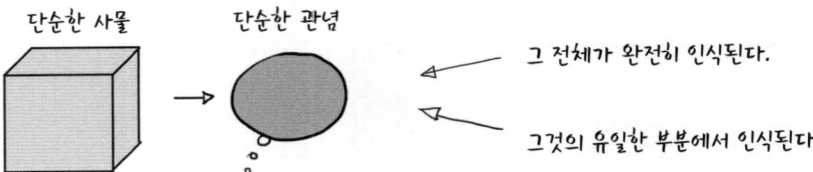

따라서 필연적으로 이 사물(단순한 사물)은 그것의 어떤 부분에서가 아니라
그 전체에서 인식되며, 그렇지 않다면 아예 인식되지 않는다.

따라서 어떤 합성된 사물(여러 부분이 모여 만들어진 사물)을 명석하게 인식하려면,
사유를 통해 그것을 구성하는 단순한 관념들로 해체해야 한다.

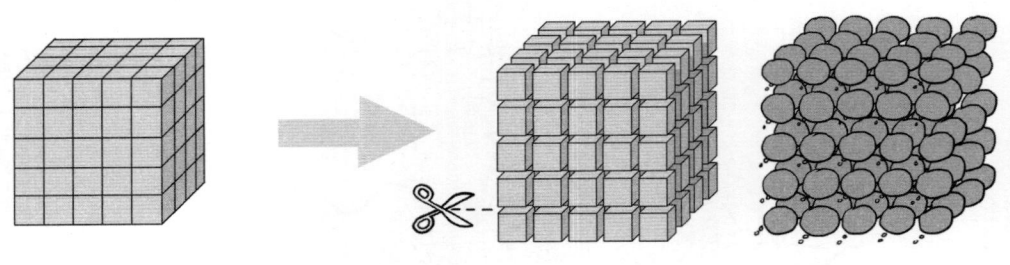

그러면 이 합성물에 대해 혼잡한 관념을 갖지 않게 된다.

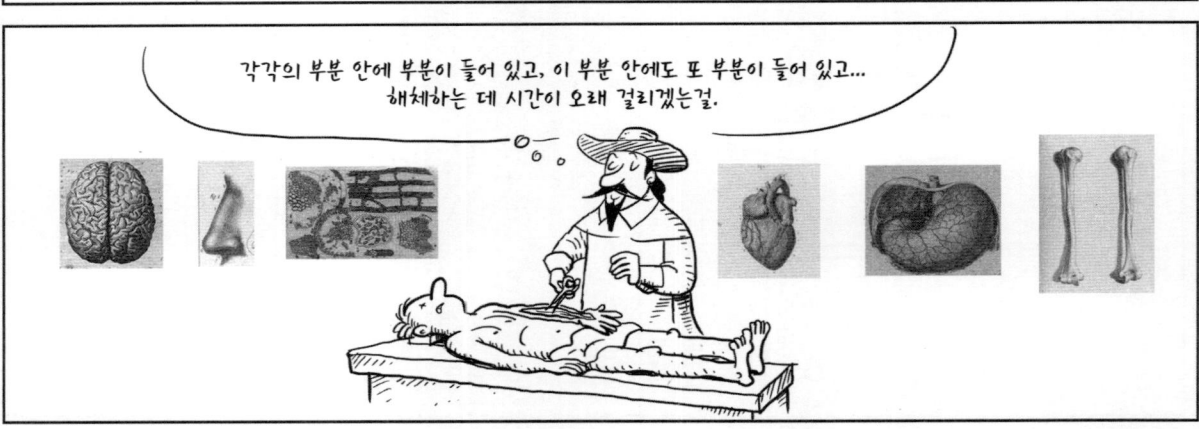

허구적인 관념은 단순할 수 없다. 그렇다면 명석판명했을 것이다. 허구적인 관념은 다수의 혼잡한 관념이 결합한 관념, 즉 그 자체가 자연에 존재하는 사물이나 활동에 대한 관념인 이 다수의 혼잡한 관념으로부터 합성된 관념이다. 더 정확히 말해서 허구적인 관념은 상호 동의 없이 동시에 지각되는 이 서로 다른 관념들로 합성된다.

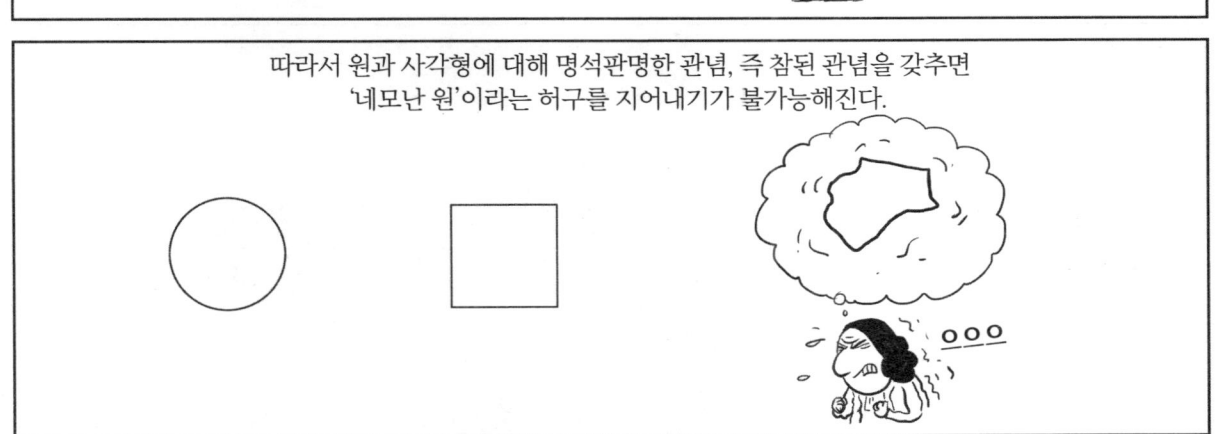

주의 사항

허구는 꿈과 그다지 다르지 않다. 단지 허구는 우리가 표상하는 것이 외부 사물 때문에 생기는 것이 아니라 외부와 전혀 상관없이 우리 내부에서 지어내는 것임을 감각을 통해서 잘 이해하게 된다는 점이 꿈과 다르다.

반면에 꿈을 꿀 때 표상되는 것이 외부 사물로 인해 생기는 것이 아니라 순전히 자신의 내적 산물임을 지각할 수는 없다.

오류는
이제 곧 보게 되겠지만,
깨어 있는 상태에서 꾸는
백일몽 같은 것이다.

거짓된 관념

허구적 관념과 거짓된 관념 사이에는 단 한 가지 차이가 있다. 거짓된 관념은 외부 대상으로부터의 동의를 상정한다.[20] 즉 이 표상(거짓된 관념)이 생기면, 정신은 이것이 외부 사물에서 비롯하지 않았다는 사실을 가리키는 어떤 근거도 찾지 않으려고 한다.

거짓된 관념도 허구적 관념처럼 그 본질이 알려진 사물이면 그 사물의 존재에 관련된 것이고, 그렇지 않으면 사물의 본질과 관련있다.

알려진 사물의 **존재에 관한 거짓된 관념**

레옹이 외부세계에서 지각하는 대상 중에서는 어느 것도 그가 (잘못) 생각하는 사실의 진실성을, 즉 그의 친구가 브라질에 있다는 사실의 진실성을 강화하거나 약화하지 않는다.

사물의 존재는 영원한 진리가 아니다.[21]
그 필연성이나 불가능성은 우리가 모르는 원인에 달렸다.
사물의 존재가 문제시되는 이 사례에는 허구적인 관념에 대해서도
그랬듯이 정확한 사실 확인(검증)이 필요하다.

하지만 어떤 사물의 존재가 영원한 진리일 때는
그것에 대해 잘못 생각하기는 불가능하다.

본질 관련 거짓된 관념

허구적 관념에서도 그랬듯이 이 경우에도 자연에 존재하는 사물에 대한 혼잡한 관념을 결합하는 상황이 벌어진다. 예를 들어 숲속에 신들이 산다고 주장하는 경우가 그렇다.

이처럼 관념 자체에 참된 관념을 거짓된 관념과 구분하게 해주는 실재적인 어떤 것이 있다.

사고를 인도하는 최고의 진리 규범을 세울 때 참된 관념에 있는 바로 이 실재적인 뭔가를 찾아야 한다.

참된 관념에 있는 이런 차이는 그것의 앞선 원인에 의해 알게 된다는 데 있지 않다.

왜냐면 앞선 원인이 없는 최초의 원리인 어떤 것의 관념도, 즉 그것 자체에 따라 그것 자체로 알려진 이 어떤 것의 관념도 참된 것이기 때문이다.

참된 관념의 형상은 다른 관념들과 상관없이 그 관념 안에 들어 있다.[23)
이 형상은 어떤 물질적(질료적) 사물이 야기하는 것이 아니라,
오직 지성의 역량에만 의존한다.[24)

참됨의 형상이 관념 외부의 원인이나 대상에 있지 않다는 사실을 쉽게 이해하도록
자연에 실제로 존재하는 대상에 의존하지 않는 참된 관념을 예로 들어 보자.
이 예는 인간의 지성이 직접 만든 참된 기하학적 관념인 구(球)이다.

구의 개념을 세우기 위해 나는, 사유를 통해, 자기 중심을 축으로 삼아 회전하는 반원(半圓)을 구상한다.

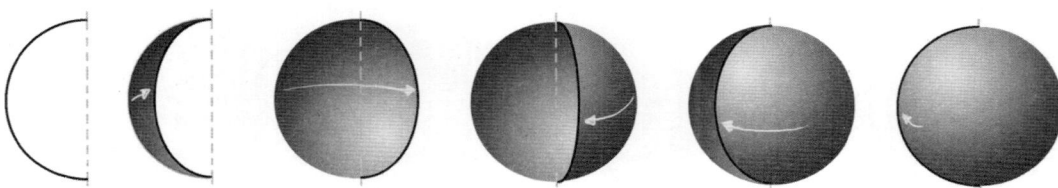

이런 방식으로 하나의 구가 탄생한다.

이 관념은 완전히 참되다. 물론 자연 상태에서 실제로 이런 식으로 생기는 구는 없지만, 그래도 이것은 구의 개념을 쉽게 설정하는 방법이다.

그런데 이 개념이 회전하는 반원을 긍정한다는 사실에 유의해야 한다.

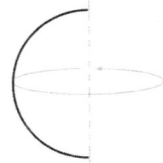

만약 이런 회전에 대한 긍정이 구의 개념에 연결돼 있지 않다면, 다시 말해, 회전이 이뤄지게 하는 원인이 없다면, 이것은 구의 개념이 될 수 없는 거짓된 관념이라는 사실이 드러난다.

왜냐하면 이 회전 운동이 저 반원 개념에 포함되지 않았기에,

구에 대한 참된 개념이 형성되려면 반드시 회전에 대한 긍정이 구에 연결돼 있어야 하기 때문이다.

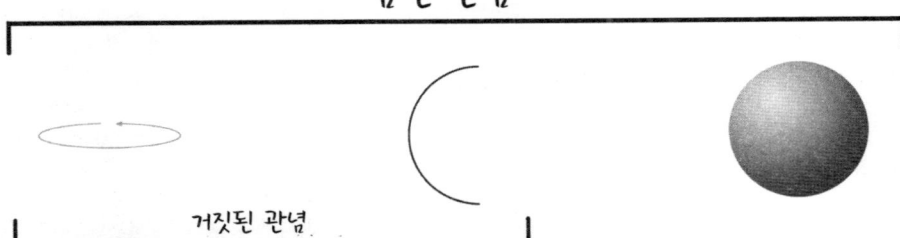

'**어떤 반원이 회전한다**'는 긍정은 거짓이 된다. 왜냐면 반원의 개념에 포함돼 있지 않은 다른 것, 즉 운동(혹은 정지)을 긍정하고 있기 때문이다.

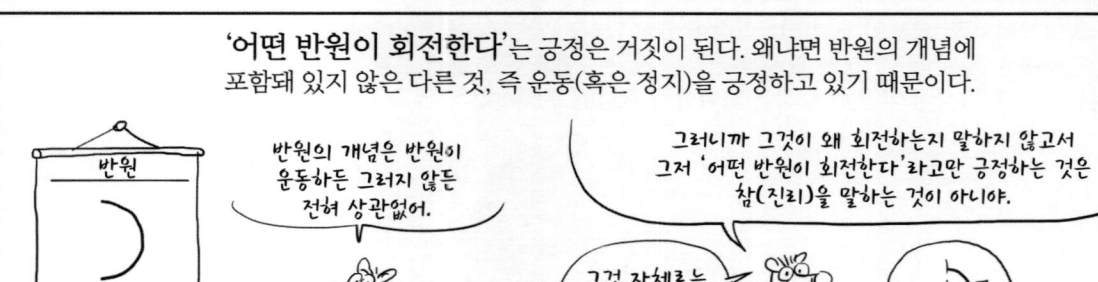

참된 사유는 반원, 운동, 형태 같은 단순한 관념의 긍정을 통해 이뤄지며

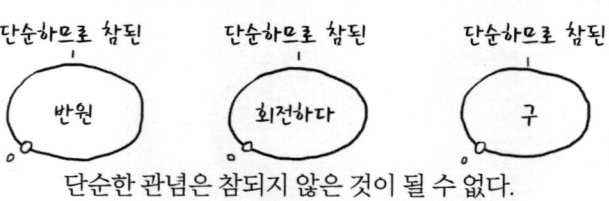

단순한 관념은 참되지 않은 것이 될 수 없다.
그 관념이 긍정하는 모든 것이 그 개념과 똑같은 것이기 때문이다.
즉 그 개념을 벗어나 더 나아가지 않기 때문이다.
그러므로 사람들은 이런 것들을 적합한 관념이라 부를 것이다.

또한 참된 사유는 '회전하는 어떤 반원은 하나의 구를 만들어 낸다'는 식으로, 단순한 관념들이 서로 연결돼 하나의 개념을 이루는 합성된 관념(복합 관념)을 긍정함으로써 이뤄진다.

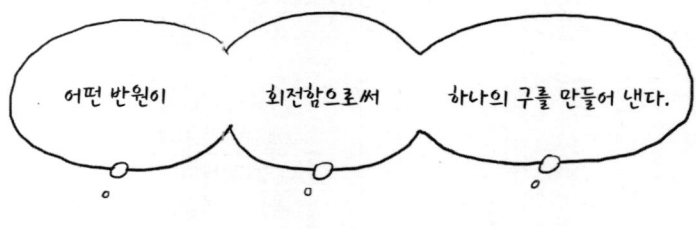

거짓된 관념은 일부가 잘려 나가고 절단되어 버린 합성된 관념(복합 관념)이다.

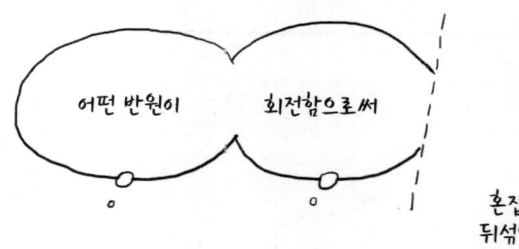

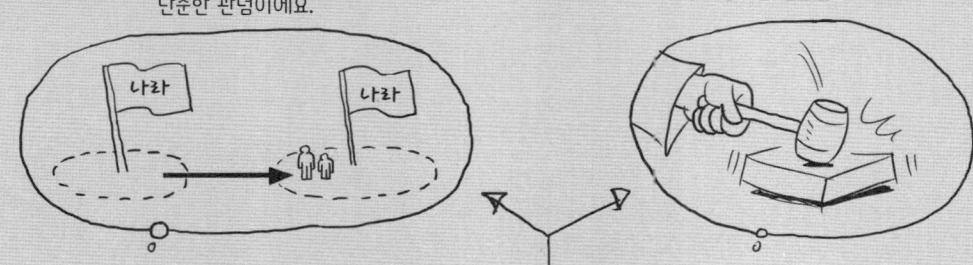

사유를 통해 이 두 관념을 연결하는 것은
그 자체로 거짓된 관념을 만들어내는 거예요.
왜냐면 그러는 것은 이민이라는 관념에
원래 거기에 포함돼 있지 않은 어떤 것을
덧붙이는 이유를 설명해주지 않으면서
긍정하려는 시도이니까요.

즉 사람들이 이민에 대해 긍정하는 어떤 것이 실은 그 개념에 적합하지 않은 거죠.

누군가가 이런 덧붙임이 어떻게 일어나는지를
문화의 차이 같은 것으로 설명하려 한다면,
이번에도 또 거짓된 관념을 만들어내는 거예요.
문화라는 관념에 그것의 개념과 별개인
관념들을 덧붙이는 거죠.

또 어떤 사람이 만약 통계적 사실을 주장한다면,
그 통계라는 것이 자신이 제시하는 숫자의 근거가
무엇인지는 제시하지 않는다는 사실을 굳이 말할
필요도 없을 거예요.

이런 결함은 우리가 어떤 사유하는 존재의 일부분이라는 사실에서, 즉 온통 적합한 관념들로 이뤄진 사유하는 존재의 일부분에 불과하다는 사실에서 비롯한다. 우리는 이 사유하는 존재의 몇몇 관념을 그대로 가진 반면, 나머지 다른 관념들은 오직 일부만을 가지고 있다. 그대로 가져온 관념들은 우리의 정신 안에서 적합한 관념들로 있지만, 일부만을 가져온 관념들은 부적합한 관념들로 남아 있다.

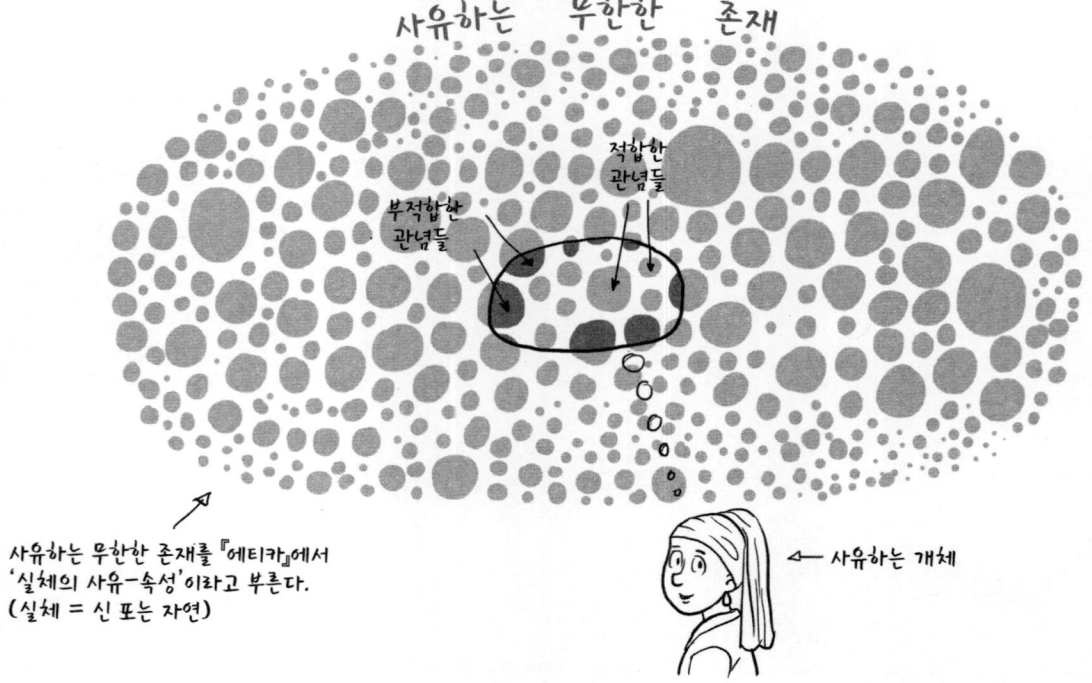

하지만 가장 큰 잘못은 참된 관념이 거짓된 관념과 섞여
확실성의 환상을 불러올 때 생긴다.

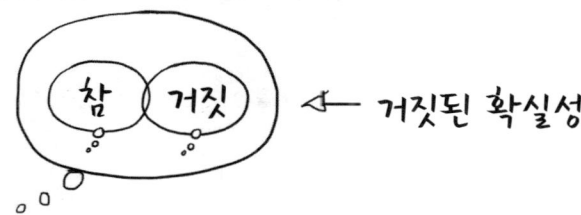

몇몇 스토아 철학자는 사물이 불가분의 미세한 물체들로 이뤄졌다는
그들의 참된 관념을 사물에 영혼이 있다는 혼잡한 관념과 섞이게 하면서,
정신도 이 미세한 물체들로 이뤄졌고 불가분적인 것이라고 확신하게 됐다.

하지만 이런 형태의 잘못에서도 벗어날 수 있다. 자신의 관념들을 참된 관념의 형상에 비춰 검토하고
또한 들어서 알게 됐거나 우연한 경험으로 얻은 관념을 섣불리 믿지 않으면 된다.

스토아학파 사람들의 잘못은 사물을 너무 추상적으로 생각해서
자연의 진정한 원리를 인식하지 못한 데서 비롯했다.

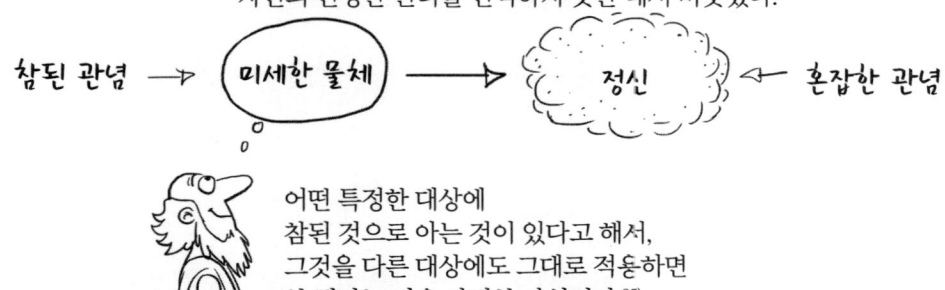

어떤 특정한 대상에
참된 것으로 아는 것이 있다고 해서,
그것을 다른 대상에도 그대로 적용하면
안 된다는 것은 자명한 사실이다.[25]

추상적으로 생각한다는 것은 개별 사물들을 세심한 구분 없이 너무 광범위한 일반 관념에 뭉뚱그려 넣는다는 뜻이다. 그것에 대응하는 대상이 자연에는 실제로 존재하지 않는, 그런 일반적인 관념 말이다.

반면에 자연 전체의 원리 자체를, 즉 자연의 원천과 그 근원을 출발점으로 삼아 최대한 추상화를 배제한다면 잘못을 저지를지 모른다는 두려움에서도 벗어나게 됩니다.

그렇게 자연의 근원적인 원리를, 즉 존재하는 모든 것의 전체이고 따라서 그것 너머에는 어떤 것도 존재하지 않는 유일하고 무한한 존재를 개념화한다면, 그런 개념에는 이 전체를 초월하는 어떤 것도 포함돼 있지 않을 것이 명백하다.

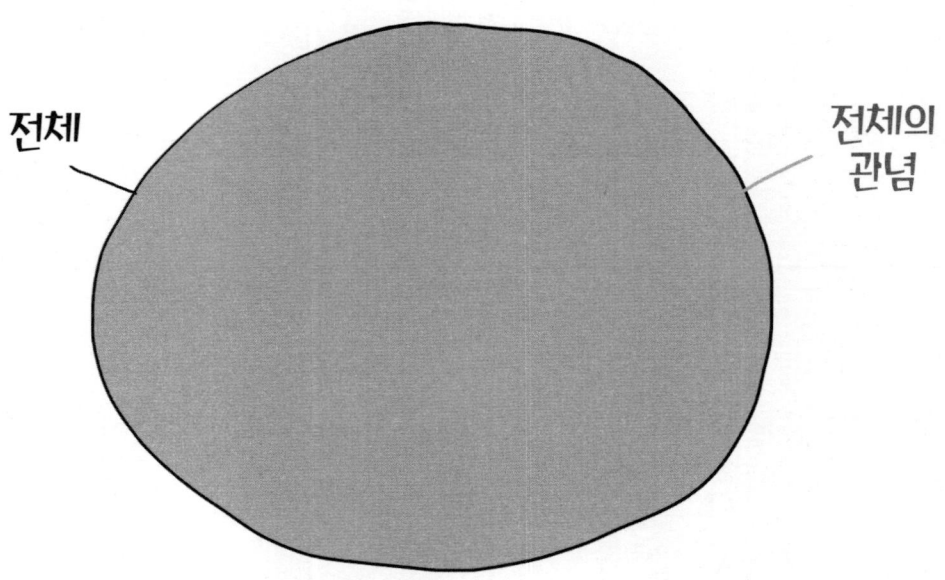

전체의 관념은 필연적으로 이 실재적인 전체에 적합하고 그와 동일한 것이다.

앞서 거짓된 관념을 살펴봤으니,
이제 **의심스러운 관념**에 관해 알아볼까요?

의심을 품게 하는 관념은 어떤 것이고
어떻게 하면 이런 의심을 지울 수 있는지
살펴볼 것이다.

하지만 나는 진짜 의심에 대해 말하는 것이며,
사실상 영혼은 의심하지 않으나,
말로만 의심한다고 하는 것에 대해
말하는 것이 아니다.

이건 의심의 여지 없이 의심스러운 관념이야.

"그러므로 나는 지극히 선하고 진리의 최고 원천인 참된
신이 존재하는 것이 아니라, 나를 속이기 위해 자신의
모든 것을 동원하는 간교하고 술책에 능하며 강력한 힘을
갖춘 어떤 나쁜 악령이 존재한다고 가정할 것이다.
나는 내가 보는 모든 하늘과 산하 대지, 색깔과 형상,
소리와 그 밖의 모든 외적 사물을 단지 환상이고
속임수일 뿐이라고 생각할 것이다."

스피노자가 이렇게 말한 것은
데카르트가 『성찰』에서 언급한
'과장된 의심'을 염두에 뒀겠죠.

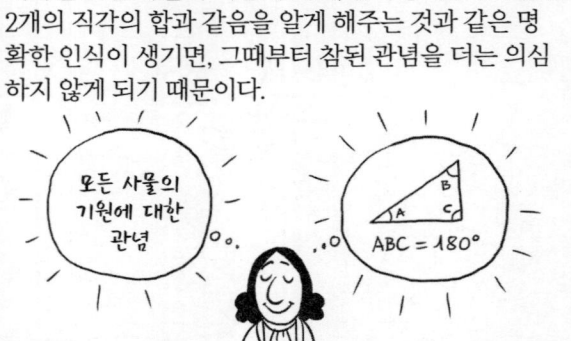

원리에서 출발해 중단 없이 사물들의 연쇄를 올바르게 따라간다면, 그리고 사물들을 인식하기에 앞서 어떻게 의문을 정리해야 하는지 안다면, 가장 확실한 관념들만을, 즉 명석판명한 관념들만을 선별하게 된다.

왜냐면 의심이란 잘 알지 못하는 일이 생겨서 인식이 완전하지 못할 때 뭔가를 긍정해야 할지 혹은 부정해야 할지 결정하지 못하는 상태이기 때문이다. 이 모든 것은 의심이 사물의 질서(순서)에 대한 이해 없이 일을 진행하려 할 때 생기는 것이라는 사실에서 비롯한다.

지금까지 방법의 첫 번째 부분을 다뤘습니다. 이제 지성의 인식 문제를 완전히 이해하기 위해, 기억과 망각에 관해 간단히 말해보기로 하죠.

여기서 무엇보다도 고려할 점은 지성이 기억을 강화할 수는 있지만, 지성 없어도 기억은 강화된다는 사실입니다.

지성으로 더 잘 이해할 수 있는 것일수록 더 쉽게 간직할 수 있게 된다.

반면에 내가 납득할 만한 연관성을 갖춰 단어들을 제시하면, 그는 훨씬 쉽게 기억한다.

그리고 개별적이고 물질적인 어떤 하나의 사물이 상상력[26] 속에 새겨질 때, 기억은 지성의 도움 없이도 강화될 수 있다. 여기서 '개별적이고 물질적'이라고 한 것은 오직 개별적이고 물질적인 것만이 상상력에 영향을 주기 때문이다. 예컨대, 누군가가 연애소설을 읽을 때 같은 유형의 여러 소설을 읽지 않는 한, 오랫동안 기억한다. 하지만 같은 유형의 소설 여러 권을 읽으면 이들은 상상 속에서 뒤섞여 하나의 덩어리가 된다.

이처럼 기억은 때로는 지성의 도움을 받아, 때로는 지성의 도움 없이 강화되므로 기억과 지성은 서로 독립적이고, 지성 자체는 기억에도 망각에도 관여하지 않는다고 결론지을 수 있다.

그렇다면 기억이란 무엇인가? 그것은 두뇌 속에 있는 (어떤 특정 지속기간의 관념과 연결되어 있는) 인상들에 대한 감각이다.

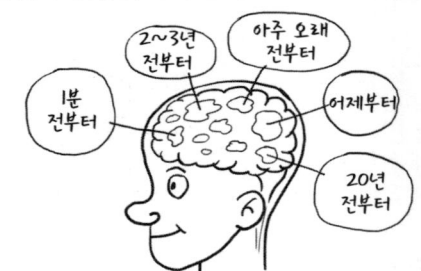

그리고 무엇을 상기想起(회상回想)[27]하는 경우 역시 두뇌 속에 있는 것에 대한 감각이 이루어지지만, 이번에는 기억의 경우와는 달리 어떤 특정 지속기간의 관념이 없다.

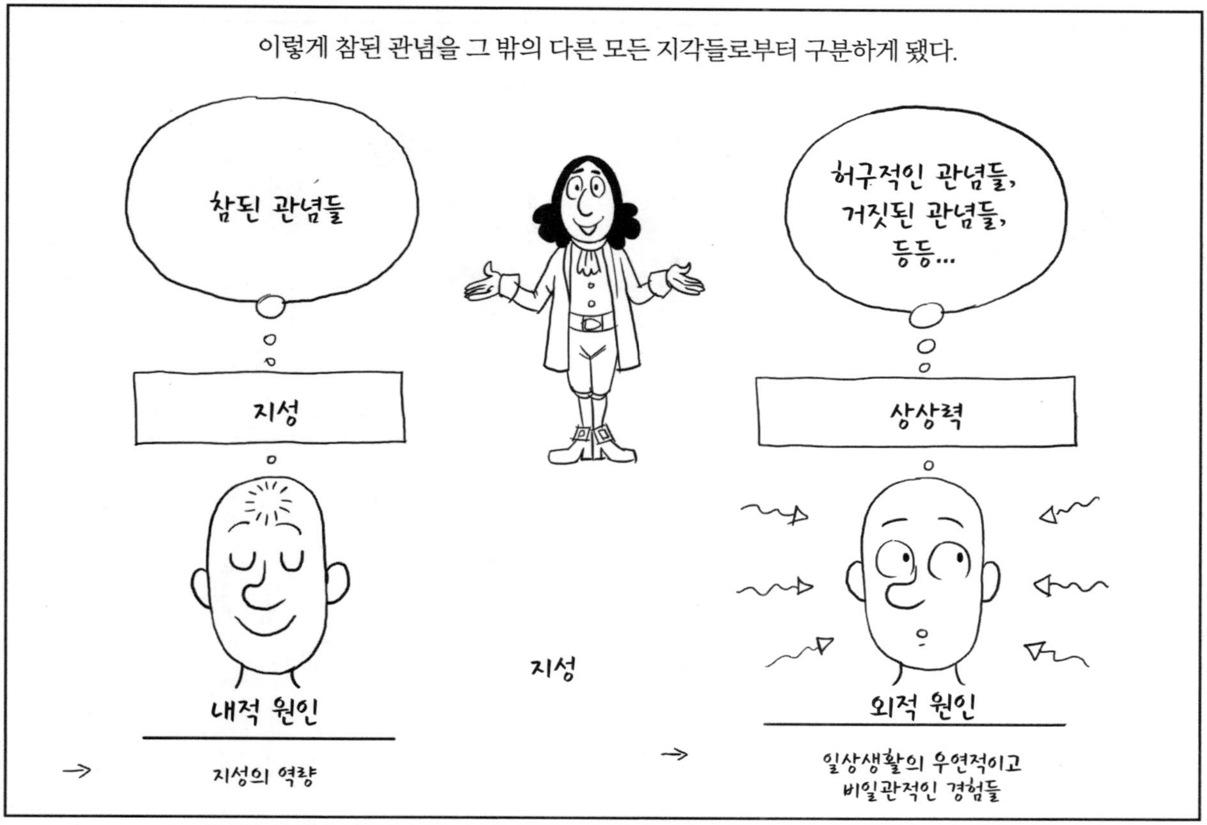

이렇게 참된 관념을 그 밖의 다른 모든 지각들로부터 구분하게 됐다.

참된 관념들 → 지성 → 내적 원인
→ 지성의 역량

지성

허구적인 관념들, 거짓된 관념들, 등등... → 상상력 → 외적 원인
→ 일상생활의 우연적이고 비일관적인 경험들

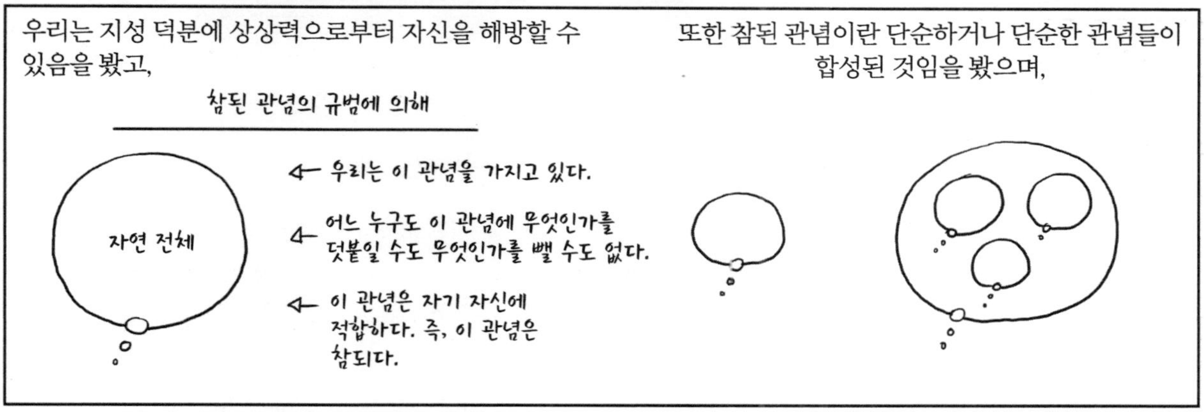

우리는 지성 덕분에 상상력으로부터 자신을 해방할 수 있음을 봤고,

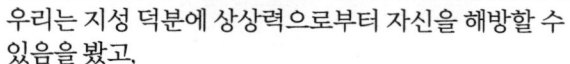

← 우리는 이 관념을 가지고 있다.
← 어느 누구도 이 관념에 무엇인가를 덧붙일 수도 무엇인가를 뺄 수도 없다.
← 이 관념은 자기 자신에 적합하다. 즉, 이 관념은 참되다.

또한 참된 관념이란 단순하거나 단순한 관념들이 합성된 것임을 봤으며,

 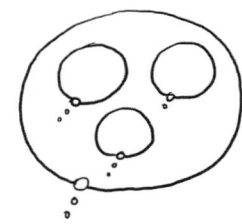

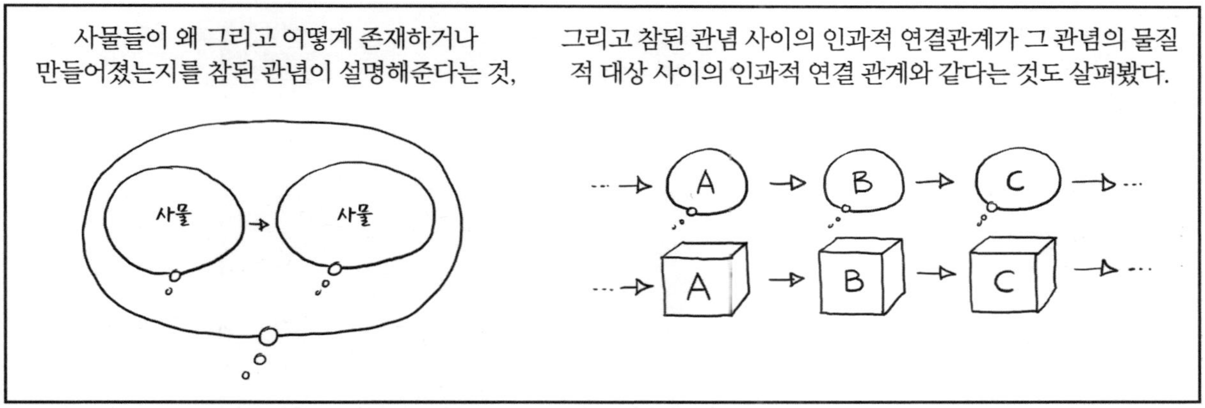

사물들이 왜 그리고 어떻게 존재하거나 만들어졌는지를 참된 관념이 설명해준다는 것,

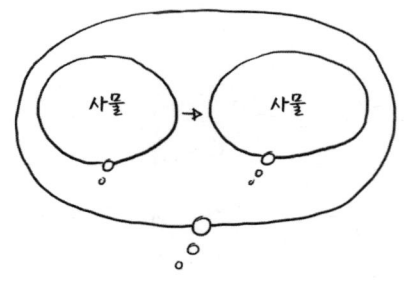

그리고 참된 관념 사이의 인과적 연결관계가 그 관념의 물질적 대상 사이의 인과적 연결 관계와 같다는 것도 살펴봤다.

··· → A → B → C → ···
··· → A → B → C → ···

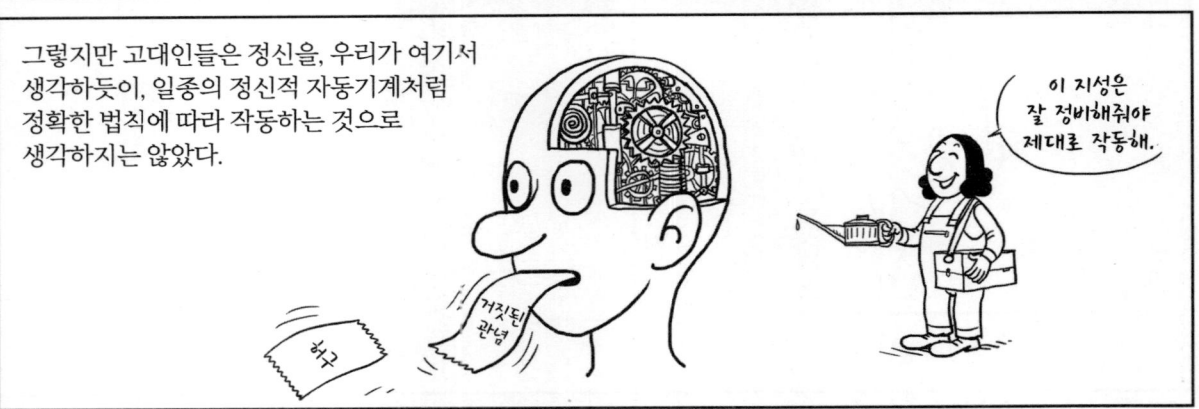

그리고 우리는 지성의 법칙과 상상력의 법칙이
서로 다름을 이해하므로
다음과 같은 사실에 대해 놀라지 않는다.

우리는 상상력을 거치지 않고
사물을 이해할 수 있다.

상상력과 지성은 때로
상충하기도 한다.

상상력과 지성은 때로
일치하기도 한다.

존재하는 것은 하나이고 동일한
실재이며, 나는 그것의 한 부분을
이루고 있다.

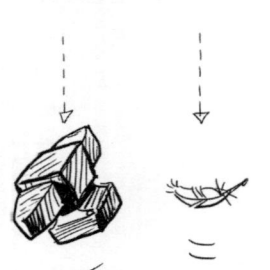

진공 상태에서는 모든 물체가
똑같은 속도로 낙하한다.

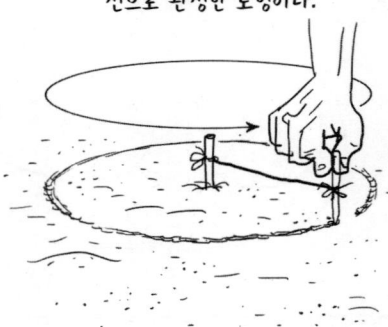

원은 줄의 한쪽 끝을 고정하고,
다른 한쪽 끝을 움직여 그리는
선으로 완성한 도형이다.

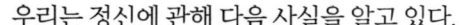
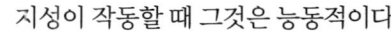

우리는 정신에 관해 다음 사실을 알고 있다.
상상력이 작동할 때 그것은 수동적이며, 지성이 작동할 때 그것은 능동적이다.

따라서 상상력의 작용과 지성의 작용을 구분하지 않으면 오류에 빠질 수 있다.
가령, 연장(延長)이 어떤 장소에 있어야 한다고 긍정하는 오류
또는 연장이 유한하고, 서로 구분되는 부분들로 돼 있다고 긍정하는 오류

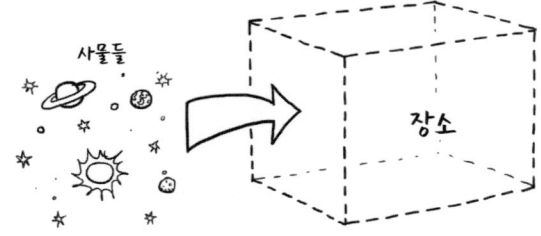
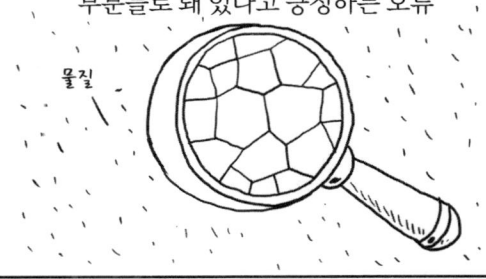

말은 상상력의 일부를 이룬다. 왜냐면 말은 기억에서 신체의 배치로 만들어지기 때문이다.[28]

신체 경험은[29] 상황의 우연성에 따라 이뤄지므로 말을 특별히 주의하지 않으면, 우리가 만들어내는 개념들과 관련해 크고 작은 오류가 생긴다.

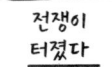

게다가, 말은 평범한 사람들에 의해 그들을 위해 만들어졌기에, 지성에 속하는 것보다는 상상력에 속하는 것을 나타내는 기호이다.

따라서 보통의 말보다 늦게 만들어지는 지성의 말은 상상력의 말에 대한 부정의 형태를 흔히 띠게 된다. 비물체적이다, 유한하지 않다(무한하다), 창조된 것이 아니다(불생불소적인 것이다), 비독립적이다, 불멸적이다, 등등.[30]

게다가, 상상력과 지성을 구분하지 않으면 혼란에 빠지게 돼 지성이 작동할 수 없게 된다.

그럴 때 쉽게 상상할 수 있는 것을 명료한 것으로 여기게 되고, 잘 이해했다고 믿게 된다.

> 이게 당연하지, 이게 정상이야.

> 무거운 것이 더 빨리 떨어지는 거야.

이것은 진리 탐구 과정의 순서를 뒤집어서 뒤에 와야 할 것을 앞에 놓는 것이며[31] 우리에게 올바른 연역을 할 수 없게 한다.

> 나는 닭을 놀리려고 나뭇가지를 주워든다.

> 나는 못을 박으려고 망치를 사용한다.

> 나는 글을 쓰려고 깃털 펜을 사용한다.

> 음식을 먹게 하려고 이가 생겼다.

> 인간을 먹이기 위해 동물과 식물이 있다.

> 신은 인간을 위해 자연을 창조하셨다![32]

방법의 두 번째 부분

여기서 마침내 우리 방법의 목적을 밝히고자 한다.

목적은 명석판명한 관념을 갖는 것,

상상력에서 만들어지는 관념이 아니라,

즉 신체가 우연히 겪는 정서에서 만들어지는 관념이 아니라,
순수 지성에서 만들어지는 관념을 갖는 것이다.

그리고 이 목적에 도달하는 수단도 밝히고자 한다.

즉 자연의 실상을 그 전체에서나 부분에서 모두 정신으로 가져오고자
지성의 여러 관념을 어떻게 잘 연결하고 거기에 순서를 부여할지 살펴볼 것이다.

그러므로 이 두 번째 부분에서 하게 될 일은,
첫 번째 부분에서 했던 작업에 이어 자기 내면에서
순수 지성에서 비롯한 것으로 발견할 수 있는 모든 관념을
검토하고, 이 관념들을 상상력에서 비롯한 관념들과 구분하고,
이 두 가지 종류의 관념 각각의 특성이 무엇인지를 알아보는 것이다.

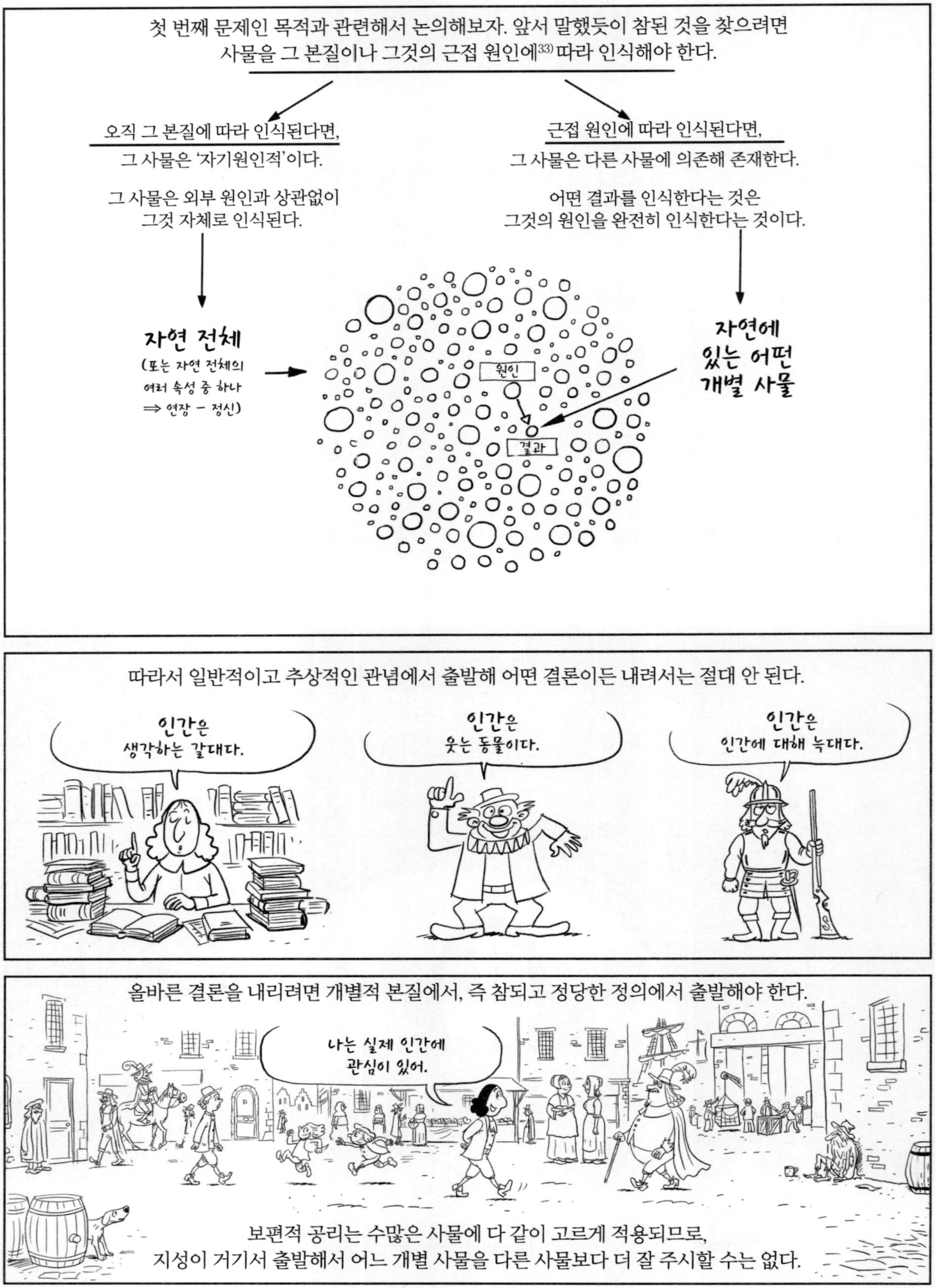

첫 번째 문제인 목적과 관련해서 논의해보자. 앞서 말했듯이 참된 것을 찾으려면 사물을 그 본질이나 그것의 근접 원인에[33] 따라 인식해야 한다.

오직 그 본질에 따라 인식된다면, 그 사물은 '자기원인적'이다.

그 사물은 외부 원인과 상관없이 그것 자체로 인식된다.

근접 원인에 따라 인식된다면, 그 사물은 다른 사물에 의존해 존재한다.

어떤 결과를 인식한다는 것은 그것의 원인을 완전히 인식한다는 것이다.

자연 전체
(또는 자연 전체의 여러 속성 중 하나 ⇒ 연장 – 정신)

원인
결과

자연에 있는 어떤 개별 사물

따라서 일반적이고 추상적인 관념에서 출발해 어떤 결론이든 내려서는 절대 안 된다.

인간은 생각하는 갈대다.

인간은 웃는 동물이다.

인간은 인간에 대해 늑대다.

올바른 결론을 내리려면 개별적 본질에서, 즉 참되고 정당한 정의에서 출발해야 한다.

나는 실제 인간에 관심이 있어.

보편적 공리는 수많은 사물에 다 같이 고르게 적용되므로, 지성이 거기서 출발해서 어느 개별 사물을 다른 사물보다 더 잘 주시할 수는 없다.

좋은 정의의 조건들

따라서 진리(참된 것)를 발견하기에
가장 좋은 순서와 방법은
최선의 정의에서 출발하는 것이다.

좋은 정의는 단순히
사물의 특성을 말하지 않고,
그것의 내밀한 본질을 설명해준다.

예를 들어 원을 정의할 때 '중심에서 둘레에 이르는 모든 선의 길이가 동일한 도형'이라고 말한다면,

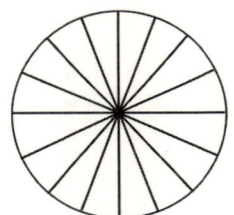

이것은 원의 여러 특성 중 하나를 말하는 것일 뿐, 원의 본질에 대해서는 거의 설명해주지 않습니다.

반면에 '원은 한쪽 끝이 고정돼 있고 다른 한쪽 끝은 운동하는 직선에 의해서 그려지는 것'이라고 말한다면,

이것은 완전한 정의입니다. 왜냐하면 이 정의는 원의 본질을, 거기서 원의 모든 특성이 연역돼 나올 수 있는 본질을 설명해주기 때문입니다.

물론 이 같은 구분은 원이라는 기하학적 도형처럼 '사고상으로만 존재하는 것'에 대해서는 별로 중요하지 않을지도 모른다. 하지만 물리적이고 실재적인 존재자들에 대해서는 매우 중요하다. 왜냐하면 사물의 특성은 그 본질을 알지 못하면 제대로 이해할 수 없기 때문이다.

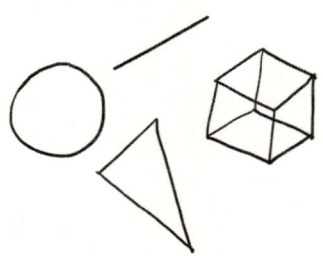

그러므로 개념의 조건, 또는 정의의 조건은 다음과 같다.

A 창조된 사물의 경우

1. 그것의 정의는 그것의 직접적 원인을 포함해야 한다.
예컨대, 원의 정의에는 '한쪽 끝은 고정돼 있고 다른 한쪽 끝은 운동하는 직선 운동에 의해 그려진다'는 직접적 원인이 포함된다.

2. 그것의 정의는 그것의 모든 특성을 연역할 수 있게 해줘야 한다.
예컨대, 원이라면 그 정의에서 '그것의 중심에서부터 둘레에 이르는 모든 선의 길이가 같다'는 특성을 쉽게 연역할 수 있다.

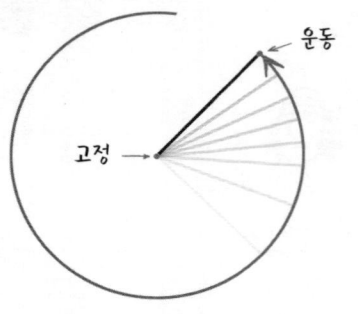

B 창조되지 않은 사물의 경우

1. 그것의 정의는 모든 원인을 배제해야 한다. 즉 이 사물은 그것에 대한 설명을 위해 그것 이외의 어떤 원인도 일절 필요하지 않아야 한다.

2. 그것의 정의가 일단 제시되면, '그것은 존재하는가?'라는 물음은 제기될 여지가 없어야 한다.

3. 그것의 정의는 —정신의 정의도 포함된다— 형용사화될 수 있는 명사를 포함하지 않아야 한다. 즉 어떤 추상적 용어도 포함하지 않아야 하는 것이다.

4. 그것의 정의에서 그것의 모든 특성을 연역할 수 있어야 한다.

예컨대, 정신의[34] 정의는 다음과 같은 것이어서는 안 됩니다.
- 정신은 모든 '정신적인'[35] 것의 특징이다.
왜 정신의 정의가 이 같은 것이어서는 안 되느냐면, 이럴 때 정신이라는 것이 추상적인 어떤 것, 즉 자기 자체의 존재가 없는 것이 돼 버리기 때문이죠. 이럴 때 정신은 마치 '흰색'과 같은 것이 돼버립니다. 실제로 존재하는 것은 흰 사물일 뿐, '흰색'은 그 자체로 존재하지 않습니다.

나는 또한 최상의 결론은 어떤 개별적인 긍정적 본질에서 나온다고 말했다.

어떤 관념이 개별적일수록, 그것은 다른 관념들과 더 잘 구분되고, 따라서 더 명료해지기 때문이다.

관념 순서 짓기

모든 관념에 순서를 부여하고, 하나로 연결하려면,
모든 것의 원인이 되면서 어떤 특정한 본성을 가지고 있는
어떤 것이 존재하는지를 되도록 서둘러 알아봐야 한다.
이는 바로 이성이 요구하는 것이다.

나는 이 모든 것을 어떤 하나의 것에 연결할 수 있어.

이 어떤 하나의 것, 그 정신의 본질은
모든 관념의 원인이기 때문이다.[36]

이렇게 자연의 본질, 순서, 통일성을 그 안에 포함하게 된 정신은
자연에 대해 정확하게 말하게 된다.

이 거대한 전체는 정확한 법칙에 따라 모든 것이 일관되는 방식으로 존재해.

이로부터 우리는 모든 관념을 물리적 사물로부터,
즉 실재적 존재자로부터 연역하고, 원인의 계열에
따라 서로 연결해야 한다는 것을 알게 된다.

이 같은 지성의 행보가 계속해서 정당하고
참되게 이뤄지려면 추상적이거나 일반적인
사실들을 통해 나아가지 말아야 한다.

빛은 정확한 법칙에 따라 이 유릿조각을 통과하지. 그 법칙을 잘 파악하자.

하지만 주의해야 한다. 내가 말하는 원인의 계열이나 실제 사물의 계열이라는 것은 변화무쌍한 개별 사물의 계열이 아니다. 개별 사물은 무수히 많아서 인간의 이해의 능력을 넘어선다. 게다가 이런 것들에 관해 뭔가를 안다고 해서 각 사물의 개별적 본질에 관해 알게 되는 것도 아니다.

사물의 본질은 거기에 새겨진 법칙처럼 (마치 법전에 적힌 법처럼) 불변하고 영원한 것에서 찾아야 한다.

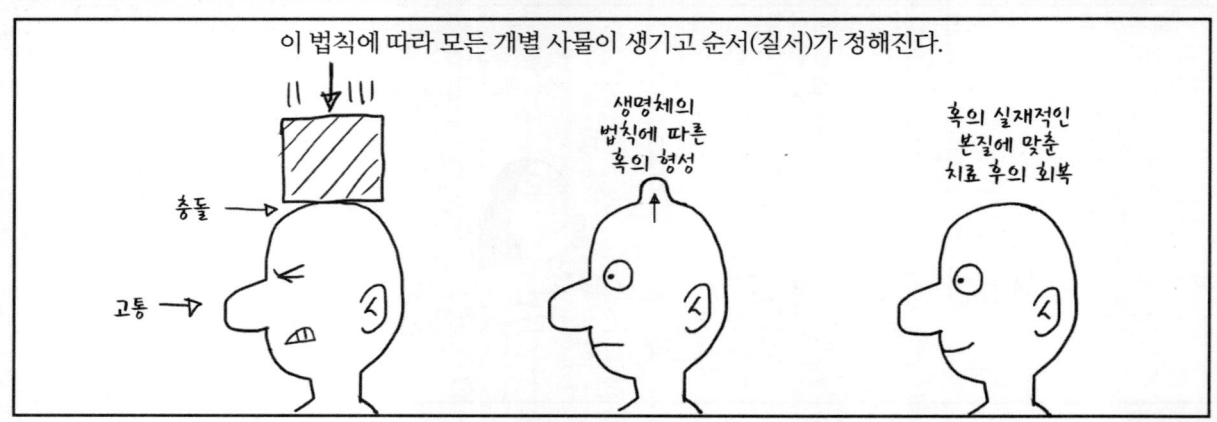

이 법칙에 따라 모든 개별 사물이 생기고 순서(질서)가 정해진다.

이처럼 불변하고 영원한 법칙 없이는
변화하는 어떤 사물도 존재할 수 없고, 그런 사물을 생각할 수도 없다.

열과 운동의 법칙
물질의 법칙
식물의 법칙
인간 생식의 법칙
등등

따라서 이처럼 불변하고 영원한 법칙은, 물론 개별 사물 속에 있기는 하지만,
이처럼 도처에 있으면서 큰 힘을 발휘하기에 우리에게 마치 보편자와 같다.

다시 말해, 변화무쌍한 개별 사물의 정의 같은 것,
즉 만물의 직접적인 원인 같은 것이다.

나는 별의 원인을 찾아볼 거야.

나는 식물의 원인을!

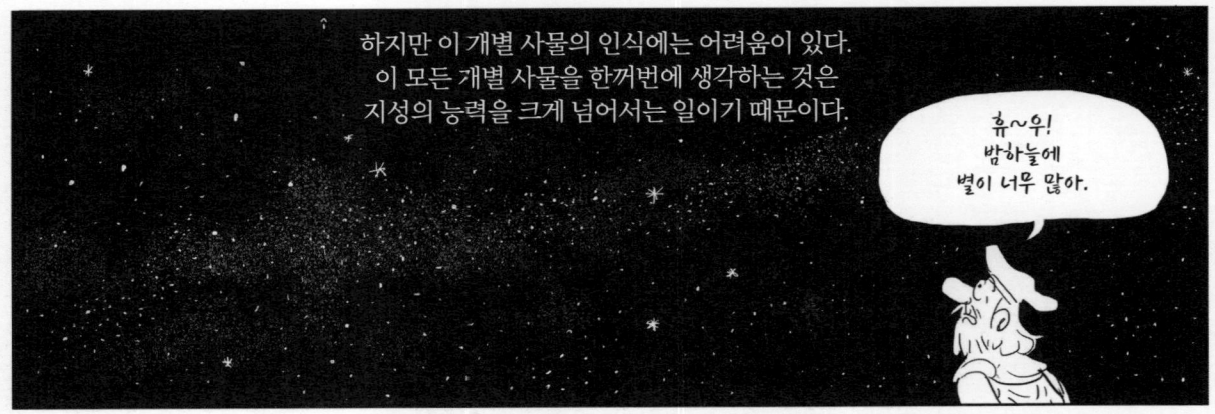

하지만 이 개별 사물의 인식에는 어려움이 있다.
이 모든 개별 사물을 한꺼번에 생각하는 것은
지성의 능력을 크게 넘어서는 일이기 때문이다.

그리고 이 개별 사물을 인식하는 순서는 그것을 존재하게 하는 여러 원인의 순서도 아니고,
자연의 법칙에 따라 결정되는 순서도 아니기 때문이다. 왜냐면 이 두 측면의 관점에서 보면,
모든 사물은 서로 비슷하기 때문이다.[37]

따라서 개별 사물의 인식에는 영원한 것과 그것의 법칙을 이해하는 데 우리가 사용한 것과는 다른 지적인 수단이 필요하다.

개별 사물을 인식할 때 가장 먼저 할 일은 영원한 것과 그것의 필연적인 법칙과 감각의 본성을 더 잘 인식하는 것이다.

그런 다음에는, 감각 사용과 정확한 실험을 통해 연구해야 할 대상을 정할 수 있고, 이 대상이 어떻게 그리고 어떤 법칙에 따라 만들어졌는지 결론지을 수 있다. 하지만 이곳은 이 주제에 접근할 자리가 아니다.

이제 본래 주제로 돌아가서, 영원한 것을 인식하고, 그것을 정의하는 데 무엇이 필요한지 알아보자.

먼저 다음 사실을 상기하자. 정신이 어떤 관념을 주의 깊게 조사해서 그것이 거짓인지 참인지 알고 나면, 정신은 그 관념에서 다른 참된 것을 연역하는 일을 중단 없이 계속할 수 있다.

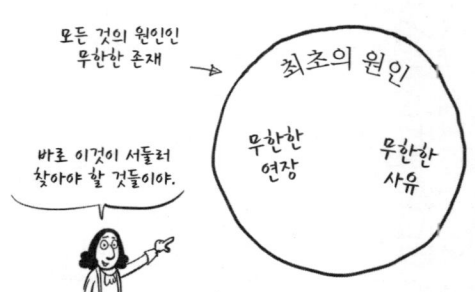

사유는 굳건한 토대 없이는 지속할 수 없다. 그러므로 만약 모든 것의 제1 원인을 찾고자 한다면, 반드시 이 토대를 갖추고 있어야 한다.

내 방법의 목표는 반성적 인식이므로[38] 이 탐구를 이끌어줄 토대는 진리의 형상을 구성하는 것에 대한 인식이지, 다른 것이 될 수는 없다.[39]

하지만 지성 자체에 대한 인식, 그리고 지성의 특성과 그 역량에 대한 인식 또한 이런 토대가 된다[40]

이런 인식들 덕분에, 영원한 것들에 대한 인식으로 인도하는 사유를 중단 없이 연역하게 해줄 토대를 갖추게 된다.

이 글의 첫 번째 부분에서 참된 관념을 형성하는 것이 지성의 본성에 속한다고 했다.
그렇다면 지성의 힘과 역량은 어떨까?

이 문제를 잘 이해하려면 지성의 힘과 역량이 어떤지를 사유와 지성에 대한 정의 자체에서 연역해야 한다.

그런데 우리는 아직 정의를 찾는 규칙을 세우지 않았다.

그리고 이 규칙을 세우려면 지성에 대한 정의가 필요하다.

그러므로 정의를 찾으려면 지성에 대한 정의가 그 자체로 명료해야 한다는 것이 따라 나온다.

그게 아니라면,
아예 모든 이해가 불가능하게 될 것이다.

그렇지만 지성에 대한 정의는 그 자체로 절대적으로 명료하지는 않다.
따라서 우리가 명석판명하게 이해하는 지성의 여러 특성에 따라
지성에 대한 정의를 인식해야 한다.

내가 명료하게 인식하는 것이며, 따라서 우리가 가진 타고난 도구가 되는
지성의 주요 특성은 다음과 같다.

지성에는 확실성이 있다.

지성은 자신의 관념이 대상과
일치한다는 것을 (확실히) 알고 있다.

지성은 어떤 관념은 절대적 방식으로 형성하고, 또 어떤 관념은 다른 관념으로부터 형성한다.

예컨대, 지성은 양(量) 관념을 그 자체로 절대적으로 형성한다.
반면에 운동 관념은 양(量)의 관념과 연관해서 상대적으로 형성한다.

절대적 관념은 무한성을 표현하고, 상대적 관념은 유한성(규정됨)을 표현한다.

정신이 양(量)을 어떤 원인의 관념을 통해 지각하면,
그때 양은 규정된 것이 된다.

| 원인: 어떤 평면의 운동 | 어떤 물체의 생산 혹은 어떤 규정된 양 | 원인: 어떤 선의 운동 | 어떤 평면의 생산 혹은 어떤 규정된 양 |

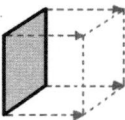 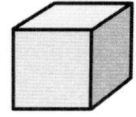 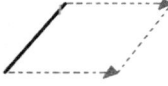 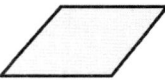

원인: 어떤 점의 운동   어떤 선의 생산 혹은 어떤 규정된 양

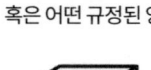

지성은 부정적 관념에 앞서 긍정적 관념을 형성한다.

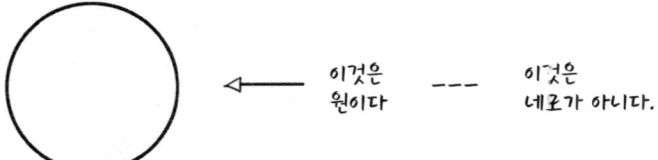

> 지성은 사물을
> 영원의 상(像) 아래 지각하고
> 무한히 많은 것을 지각한다.

지성은 사물을 지각할 때 상상력과 달리 그것의 지속이나 수에 주의를 기울이지 않는다.

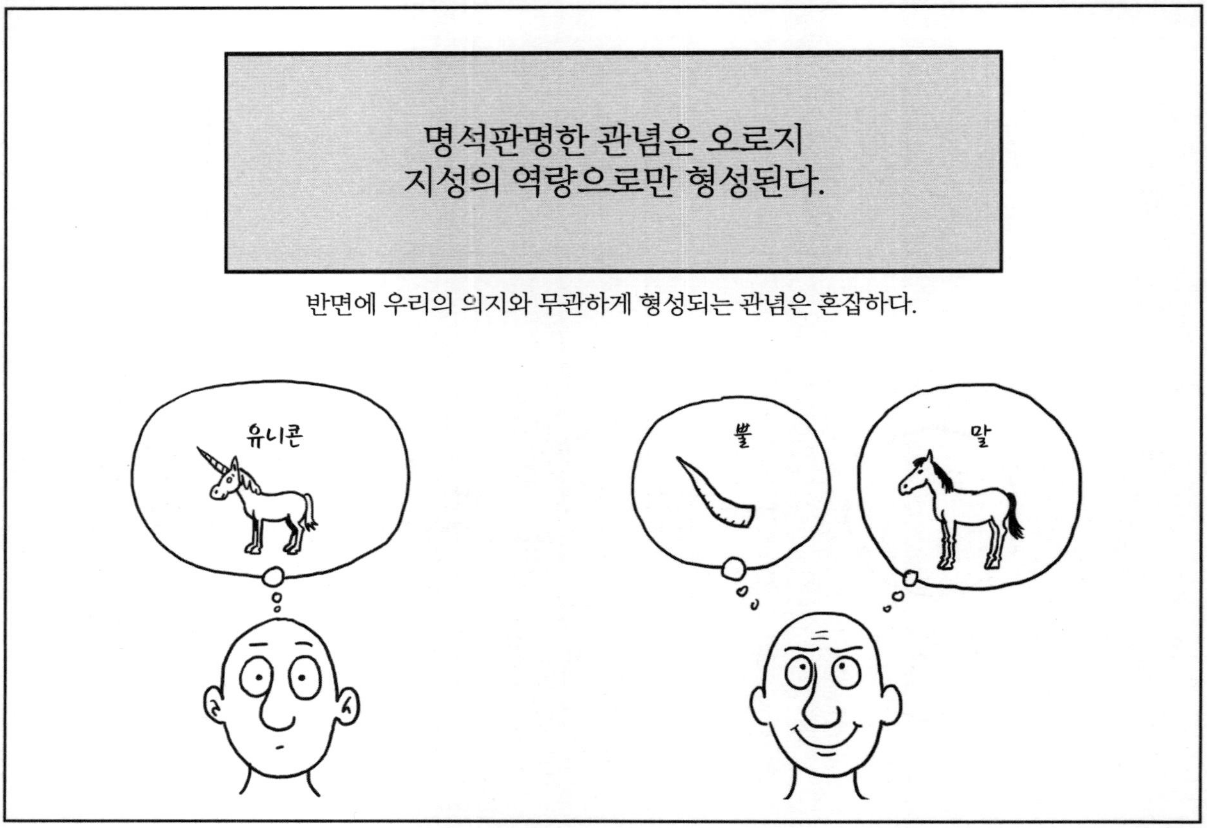

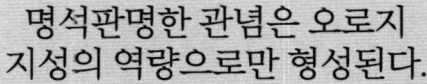

> 명석판명한 관념은 오로지
> 지성의 역량으로만 형성된다.

반면에 우리의 의지와 무관하게 형성되는 관념은 혼잡하다.

지성은 다른 관념들로부터 다양한 방식으로 새로운 관념을 형성할 수 있다.

예컨대, 타원의 예를 보자.

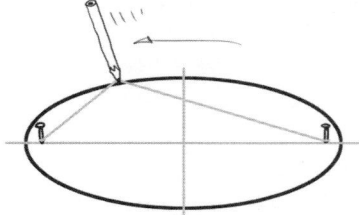

지성은 타원의 면을 규정할 때 줄에 묶인 펜이 두 개의 축을 중심으로 운동하는 상황을 생각할 수 있고,

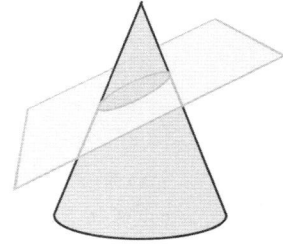

또는 원뿔의 중간이 비스듬한 장방형 면에 잘린 단면을 생각하거나,

또는 직선에 대해 항상 동일하고 정확하게 정해진 비율로 무한히 많은 점을 생각하거나,

또는 그 밖의 많은 다른 방식으로 생각할 수 있다.

관념은 그것이 지시하는 대상이 완전할수록, 그만큼 더 완전해진다.

예컨대, 사람들은 작은 신전을 구상한 장인보다 웅장한 사원을 구상한 장인에 대해 더욱 경탄한다.

나는 사랑이나 기쁨 같은 사유의 다른 모습들을 다루느라 지체하지 않겠다.
이들 주제를 다루는 것이 현재의 구상에 별로 유리하지 않기 때문이고,
먼저 지성을 이해하지 못하고는 이들도 제대로 이해할 수 없기 때문이다.
지성이 사라지면, 이들 또한 사라진다.

앞서 자세히 살펴봤듯이, 거짓된 관념과 허구적인 관념은 그것을 거짓이나
허구라고 말하게 하는 어떤 적극적인 것을 그 안에 내포하지 않는다.
그것은 단지 불완전한 인식일 뿐이고, 따라서 그 자체로는 사유의 본질에
관해서 아무것도 가르쳐주지 못한다.

방금 살펴본 몇 가지 특성에서 지성의 본질을 구성하는 어떤 공통적인 것을
찾을 수 있을 것이다.[43] 즉 이 공통적인 것이 있으면 필연적으로 저 특성들
도 있게 되고, 이 공통적인 것이 없으면 저 특성들 또한 사라지는, 그런 것
말이다.

(이 뒷부분은 없음)

번역과 관련된 주석[44]

① 이 구절의 라틴어 원문인 "*Cum viderem omnia, a quibus et quiae timebam*"은 다양한 방식으로 번역돼 왔다.

　　C. Appuhn : "내게 두려움의 원인이나 대상이 됐던 그 어떤 사물도 … 하다는 것을 나는 보면서…"
　　A. Koyré : "내게 두려움의 대상이나 경우가 되는 모든 것이 … 나는 봤다."
　　E. Saisset : "우리의 두려움의 모든 대상을…"
　　B. Rousset : "내가 두려워하게 하고, 또한 내가 두려워하는 모든 것은 …하다는 것을 나는 봤기에…"
　　B. Pautrat : "내가 무서워하고 내게 무서움이 들게 하는 모든 것은 … 하다는 것을 나는 보고…"

나로서는 '대상'이나 '원인', 혹은 '대상'이나 '경우' 사이의 엄격한 구분의 필요성을 이해할 수 없었기에 이 만화에 필요한, 더 이해하기 쉬운 번역을 찾아 나서게 됐다.
이렇게 해서 나는 가피오에게서 "timere a suis, 그 자신의 사실에 대한 두려움 속에 있게 되다"라는 표현을 찾았고, 키케로에게서는 "a quibus timebantur, 우리에게 그 같은 공포심을 일깨우는 것들"이라는 표현을, 성 아우구스티누스에게서는 "a quibus antea timebantur 그들이 예전에 두려워했던 그것들"이라는 표현을 찾았다.
그리하여 나는 a quibus와 quiae 사이의 구분은 qui, qua, quod(어떤 것)와 quis, qua, quod(어느 누구) 사이의 구분이라는 결정을 내리게 됐다. 그리고 실제로 스피노자가 이 구절에서 사람들이 인간에 대해 품는 두려움과 다른 사물들에 대해 품는 두려움을 말한다고 생각하지 않을 이유가 있겠는가?
나의 이런 제안은 전적으로 나의 주관적인 것이지만, 텍스트의 일반적인 의미에서 그리 중요한 변화는 없을 것이다. 어쨌든 나의 이런 제안은 문제의 구절을 간단히 "두려움의 모든 대상"이라고 번역함으로써 문제를 해결한 E. Saisset를 따른 것이다.

② 라틴어 원문인 'sui communicabile'는 '전달될 수 있는', '나눠 가지다', '나눠 가질 수 있는', '전달될 수 있는', '다른 사람들에게 전달될 수 있는' 등으로 번역돼왔다.

이런 번역은 얼핏 명료성을 결여한 것처럼 보일 수 있다. 사람들은 스피노자가 좋은 것(선)이 진정으로 최고 좋은 것이 되는 데 필요한 조건으로 일단 그것이 획득된 뒤에는 다른 이에게 전달될 수 있어야 한다고 생각했으리라고 짐작할 것이다.

스콜라철학자들은 "Bonum est diffusivum et communicativum sui, 좋은 것(선)은 그 자체로 퍼져 나가며, 다른 것들에게 전달된다"라는 공리를 말해왔다. 스피노자가 잘 알았던 토마스 아퀴나스는 다음과 같이 적고 있다. "bonum est communicativum sui. Sed Deus est summe bonus, Ergo summe se communicabit, 좋은 것(선)은 그것 자체로 다른 것들에게 전달된다. 그런데 신은 최고로 좋은 것이다. 그러므로 신은 그것 자신을 다른 것들에게 최고로 전달한다." 아퀴나스는 또 이렇게 썼다. "Deus est communicabile, 신은 전달될 수 있다."

그러므로 스피노자가 찾는 좋은 것(선)은 그 자체로 사람들에게 전달될 능력이 있는 것이라고, 즉 (마치 웃음이 그럴 수 있듯이) '퍼져 나갈 수 있는 것'이라고 생각할 수 있다. 이 좋은 것은, 스피노자가 그것을 획득한 뒤에는 그 다음 단계로, 그것 자체의 본성에 따라 다른 사람들과 실질적으로 공유될 수 있어야 한다.

그래서 나는 '퍼져 나간다'라는 말을 사용하기로 했다. 좋은 것(선) 자체로부터 비롯돼 사람들에게 널리 퍼져 나가는 그 '전달 가능성'이라는 생각을, 이 말이 잘 나타낸다고 생각했기 때문이다.

③ 스피노자는 성적 쾌락을 말할 때 'libido'라는 라틴어를 사용한다. 『에티카』에서는 이 말을 이렇게 정의한다. "리비도libido'는 신체의 결합에 대한 욕망이자 사랑이다."

스피노자가 성행위에 뒤따른다고 말하는 '극심한 슬픔'이 여러 가지 설명을 낳았다. 그중 가장 자주 언급되는 것은 '동물은 교미하고 나면 슬퍼진다'는 잘 알려진 속담이다. 그런데 성교 후에 느껴지는 이 슬픔의 감정은 누구나 겪는 일반적인 현실처럼 보이지는 않는다. 실제로 그런 것을 느끼는 소수에게도 그것은 아주 짧은 기간 지속하는 것 같다… 그러니 나는 이런 문제에 뭐 그리 대단한 철학적인 중요성이 있을까 하고 생각하게 된다.

그래서 조금 다른 해석을 제시하고 싶다.

스피노자가 말하는 슬픔은 일반적으로 '성애(性愛)'가 폄훼되고 죄악시되는 문화적·종교적 맥락에서 느껴지는 도덕적 수치심에서 오는 듯하다. 이렇게 해서 쾌락과 향유 이후에 후회와 고통이 생긴다. 그리고 그 감정은 저 '교미 후의 슬픔'보다 더 강력한 듯하고, 따라서 더 지속적으로 정신에 타격을 줄 수 있을 것이다. 예컨대, 훗날 프로이트가 죄책감의 감정을 끌어들이면서 설명하려 했던 심리적 병리 현상 같은 것을 일으킬 수 있을 정도로 말이다.

게다가 스피노자는 해당 구절 조금 뒤에서 더 정확하게 다음과 같이 말한다.
"부(富)와 명예에는 성적 쾌락에서와 같은 후회(poenintentia)가 없다."
그러므로 성적 쾌락과 후회가 분명히 서로 연결돼 있는 것으로 나타난다.

나중에 스피노자는 '후회'를 다음과 같이 정의한다. (『에티카』- 정의 27 – 3부)
"후회란 우리가 정신의 자유의지에 따라 했다고 믿는 행동에 대한 관념을 동반하는 슬픔이다. (…) 하지만 보통 '나쁘다'고 분류하는 모든 행동에는 슬픔이 따르고, 또한 '좋다'고 말하는 모든 행동에는 기쁨이 따른다는 데에는 전혀 놀랄 것이 없음에 유의해야 한다. 우리는 이런 것이 본질적으로 교육에서 비롯함을 잘 이해한다. 부모는 어떤 것은 꾸짖고 금지하고, 또 어떤 것은 칭찬하고 장려함으로써 자녀가 정신적으로 어떤 행동은 슬픔과 연결 짓고, 다른 어떤 행동은 기쁨과 연결짓게 한다.
경험도 이 사실을 입증한다. 관습이나 종교는 어디에서나 같지 않다. 어떤 이에게는 성스러운 것이 다른 이에게는 속된 것이며, 어느 무리에게는 정상적인 것이 다른 무리에게는 비도덕적인 것이 된다. 그리하여 각자는 자신이 받은 교육에 따라 어떤 행동을 후회하거나 혹은 자랑스러워한다."

④ 'Experientia vaga'라는 말은 전통적으로 '불확실한(vague) 경험'이라고 번역돼왔다. 하지만 이 말은 라틴어를 사용하지 않는 사람에게는 혼동을 불러일으킬 수 있다. 프랑스어 'vague'라는 말은 '흐릿한', '규정되지 않은', '부정확한' 등을 의미한다. 그런데 스피노자는 여기서 이와 반대로 너무나 개별적이고 각자에게 특유한 경험을 말한다. 즉 삶이 우리와 마주치게 하는 각각의 사건에 따라 하게 되는 경험, 나중에 하게 될 다른 경험이 그것을 반박하기까지는 우리를 인도할 어떤 삶의 교훈을 거기서 끌어낼 수 있는 그런 경험 말이다.

예를 들어 내가 아이일 때 어떤 따뜻한 오븐(화덕)을 만졌다면, 이 물건이 그 본성상 따뜻한 것이라고 결론지었을 것이다. 그러다가 나중에 그것이 차가울 때도 있다는 사실을 알게 되고, 그래서 그것이 따뜻한 것은 불을 지폈을 때만 그렇다는 사실도 알게 된다. 다른 아이는 이와 다른 경험을 했을 수 있고, 따라서 나와는 다르게 인식했을 것이다.

라틴어 'vagus'라는 말에는 그 첫 번째 의미로 '여기저기 발길 닿는 대로 떠돌아다니는'이라는 뜻이 있다. 삶의 경험은 각자의 운에 따라, 삶의 여정에서 무엇을 발견하느냐에 따라 형성된다. 이런 이유로 경험에서 얻는 삶의 교훈은 다른 사람들이 그들의 경험에서 얻는 것과 다를 수밖에 없다. 따라서 개인적인 삶의 여정이 진행됨에 따라 '여기저기서 우연히 얻어 걸리는'이라는 의미에서의 '불확실한(vague)' 경험에서 얻는 인식은 참된 인식이 아니다. 이것은, 물론 실제로 살아가는 데는 절대적으로 필수불가결하지만, 개선과 교정이 필요한 단편적 인식일 뿐이다.

⑤ 오늘날 일부 과학자는 정신이나 지성이 진화의 과정에서 엄청난 생존 도구가 된 두뇌와 연결됐다고 생각한다. 실로 실재에 관한 일련의 유용한 실천적 인식이 자연적으로 선택되고 자연 법칙에 점차 잘 적응하게 되는 타고난 직관적 기관(器官)을 형성하게 됐을 수도 있다.

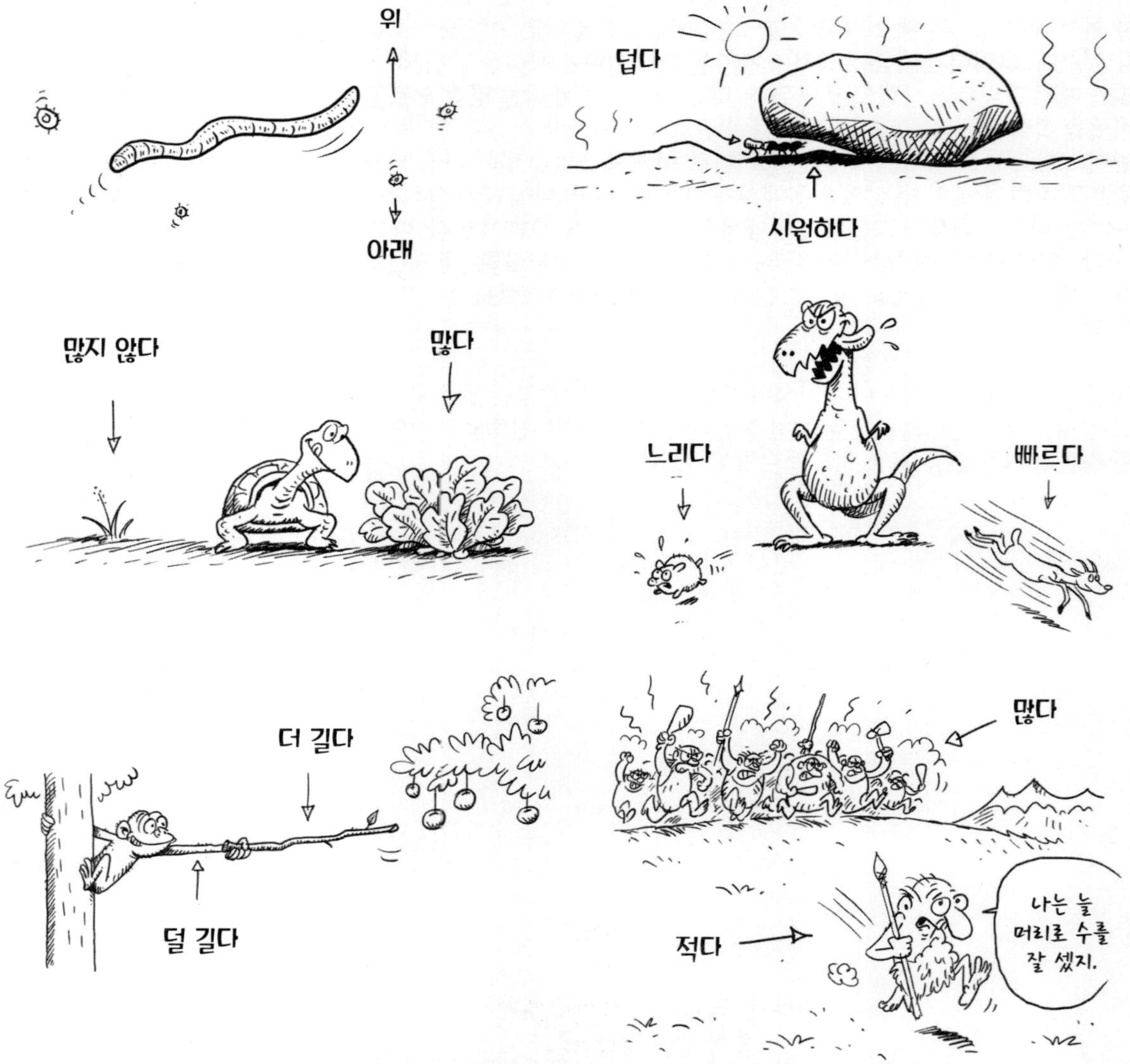

물론 스피노자는 다윈을 알 수 없었다. 그리고 17세기에는 '연대학자들에 의해'* 약 5,000년 전으로 추정됐던 세계의 시작 이래 종의 형태는 변함없다고 믿었다.

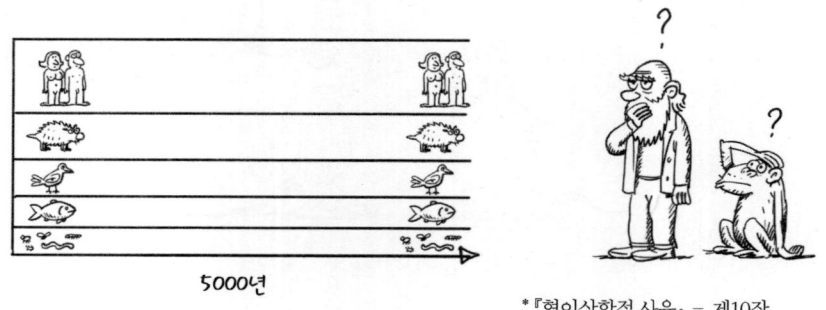

*『형이상학적 사유』 – 제10장

⑥ 이 문장은 다소 이상하게 보일 수 있다. 왜 잘못 알고 있는 사람에게 진실을 말해주지 않는 것일까? 자신이 알고 있는 것을 나누어 주고 모르는 사람을 깨우쳐 주는 것은 틀림없이 기쁜 일일 텐데 말이다. 스피노자는 왜 이러한 다소 의아스러운 상황을 그렇게 세심한 주의를 기울여 제시하는 것일까?

이에 대해 이런 해석을 해볼 수 있을 듯하다.

스피노자가 이 글을 쓴 1661년은 1633년 갈릴레이가 재판을 받은 지 얼마 지나지 않았던 때였다. 갈릴레이는 당시에 지배적이었던 기독교 교리와 달리 태양이 지구 주위를 도는 것이 아니라 지구가 태양 주위를 돈다고 생각했지만, 몇 십 년 전 코페르니쿠스가 주장한 태양중심설을 공식적으로 부인함으로써 투옥과 고문을 면했다. 게다가 이 유명한 폴란드 천문학자 역시 자신의 책 『천구의 회전에 관하여』의 서문에서 이것은 단순히 수학적 가설일 뿐이라고 밝혀놓는 편이 좋겠다고 생각했다. 또한 태양중심설 관점을 옹호했다는 이유로 1600년 로마에서 산 채로 화형당한 조르다노 브루노도 있다. 그러니 스피노자가 왜 신중하게, 자기 동시대인들을 노엽게 하지 않으려고, 대화 상대방을 태양중심설 지지자가 아니라 지구중심설의 신봉자로 허구적으로 꾸며놓았는지, 그래서 자신이 그들과 생각을 공유하는 척하기를 마다하지 않았는지 이해할 수 있다. 데카르트 또한 갈릴레이의 재판에 관해 알게 된 1633년, 자신의 책 『세계에 대하여』의 출간을 포기했다. 스피노자의 좌우명이 'Caute'(라틴어로 '조심하라')였음을 기억하자.

"이 모든 작업을 마무리하기 위해 제게 남아 있는 일은 제가 글을 쓰는 친구들에게 다음과 같이 말하는 것입니다. 여기 있는 새로움들에 대해 놀라지 마십시오. 여러분은 많은 사람이 받아들이지 않는다고 해서 어떤 것이 진리라는 사실을 포기하지는 않는다는 것을 잘 알고 계십니다. 그리고 여러분은 우리가 사는 이 세기의 성향이 어떤지 모르지 않으시므로, 나는 여러분에게 이것을 다른 사람들에게 전하실 때 매우 조심해달라고 간청합니다. 나는 여러분이 이것을 여러분 수중에만 간직하고 있어야 한다고 말씀드리는 것이 아닙니다. 하지만 만약 다른 사람들에게 전할 요량이라면, 여러분 이웃의 안녕 이외의 다른 목적이나 동기가 여러분이 그렇게 하도록 만들어서는 안 된다는 것을, 그리고 여러분이 이것을 전하는 것에 어떤 대가가 따를 수도 있다는 것을 여러분 자신이 분명히 알고 계셔야 할 필요가 있다는 점을 말씀드리는 것입니다.
(『소론』, 두 번째 부분(10) - 샤를르 아핑 번역)

스피노자(BDS: Benedictus De Spinoza)의 인장 : Caute

⑦ 이 문제의 예는 『에티카』 3부의 명제 4를 불가피하게 생각하게 한다.
"어떤 사물도 외부 사물에 의하지 않고는 파괴될 수 없다."

참고 문헌

Bernard PAUTRAT, *Spinoza/Traité de l'amendement de l'intellect*, Allia, 2009.
Charles APPUHN, *Spinoza, Traité de la réforme de l'entendement*, GF Flammarion, 1964.
Émile SAISSET, *Baruch Spinoza, Traité de la réforme de l'entendement* (ed 1842), PDF.
Bernard ROUSSET, *Spinoza, Traité de la réforme de l'entendement*, Vrin, 1992.
Bernard PAUTRAT, *Spinoza, Éthique*, Points, 2010.
Maxime ROVERE, *Spinoza, Correspondance*, GF Flammarion, 2010.
Gilles DELEUZE, *Spinoza, Philosophie pratique*, Les éditions de Minuit, 1981.

스피노자 전기 관련 자료 :

Jean COLERUS, *La vie de Benoît Spinoza*, 1706.
Steven NADLER, *Spinoza, a life*, Cambridge University Press, 2001.
Maxime ROVERE, *Le clan Spinoza*, Flammarion, 2017.
Gilles DELEUZE, « Vie de Spinoza » in *Spinoza, philosophie pratique*, Presse Universitaires de France, 1970.

Félix GAFFIOT, Dictionnaire latin-français, (ed 1934),
https://www.lexilogos.com/latin/gaffiot.php

Pierre-François MOREAU, Vidéos, Leçons sur le Traité de la Réforme de l'Entendement, 2005 (sur le site : Canal U).
Gilles DELEUZE, Cours audio sur Spinoza, 1981-82 (sur le site : la voix de Gilles Deleuze).
Charles RAMOND, Jack SETTER, Séminaire « Spinoza à Paris 8 », 2014-...

스피노자 전기

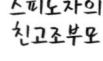

15세기 말 에스파냐, '재정복' 이후의 종교재판

1492년, 그라나다 함락은 7세기에 걸친 아랍 세력의 에스파냐 지배에 종지부를 찍는다. 유대교인들과 이슬람교인들은 극심한 박해의 위협을 받으며 가톨릭교도로 개종하거나 나라를 떠날 것을 강요받았다. 스피노자 가족은 카스티유 지방을 떠나 산맥을 가로질러 아마도 리스본으로 향했던 것 같다. 그리고 리스본에서 1543년 바루흐-벤투 스피노자의 할아버지 페드로 데스피노자가 태어났다.

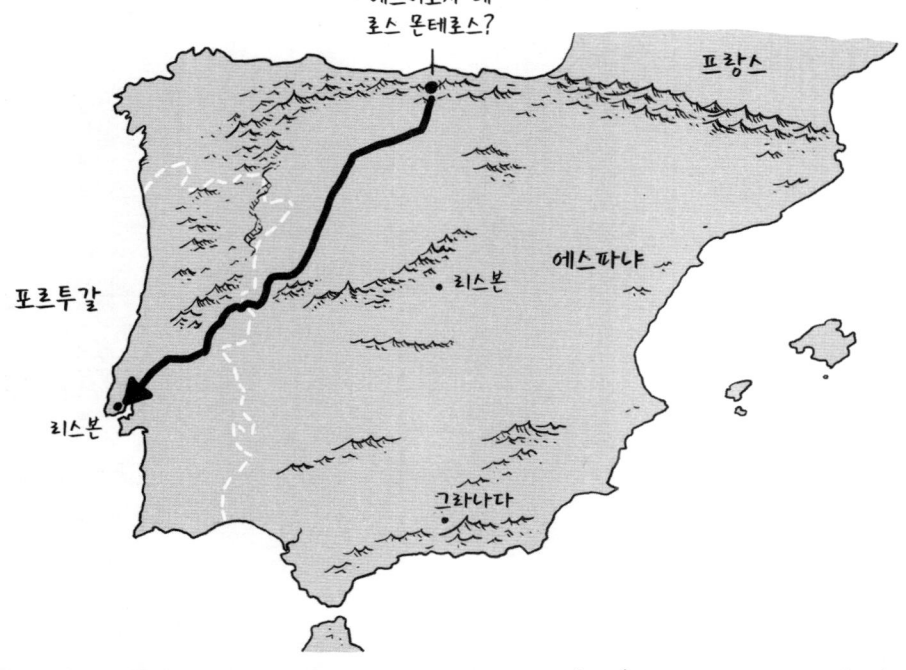

← 에스피노사 데 로스 몬테로스에서 리스본으로 무리를 지어 이동하려 할 때 인터넷에서 제시되는 경로

> 1511년, 코페르니쿠스는 처음으로 태양중심설을 제시하는 책을 쓴다.

포르투갈에서는 유대인들의 종교에 대해 비교적 관용적인 태도를 보였다. 그러나 1547년, 국왕 주앙 3세는 강제로 이들을 가톨릭교도로 개종시키는 대규모 캠페인을 벌이며 종교재판소를 설치했다. 그러나 새로운 '개종자들'은 은밀하게 그들의 종교 의식을 계속했으나 점점 커져 가는 위험 앞에서 페드로 데스피노자와 그의 아내 모르 알바레스는 1597년에 프랑스로 망명하기로 했다. 그렇게 그들은 에스파냐에서보다 더 잔인한 종교재판을 피했다. 스피노자의 아버지인 미구엘은 여행길에 오르는데, 그때 바루흐의 나이는 고작 아홉 살이었다.

하지만 이번에는 프랑스도 불관용 정책을 펼쳤다. 1615년 4월 23일, 국왕 루이 13세는 유대인 추방령을 갱신했다. 스피노자 가족은 다시 길을 떠나 이번에는 유대인들에게 자유로운 종교 활동을 보장해주는 네덜란드로 향했다.

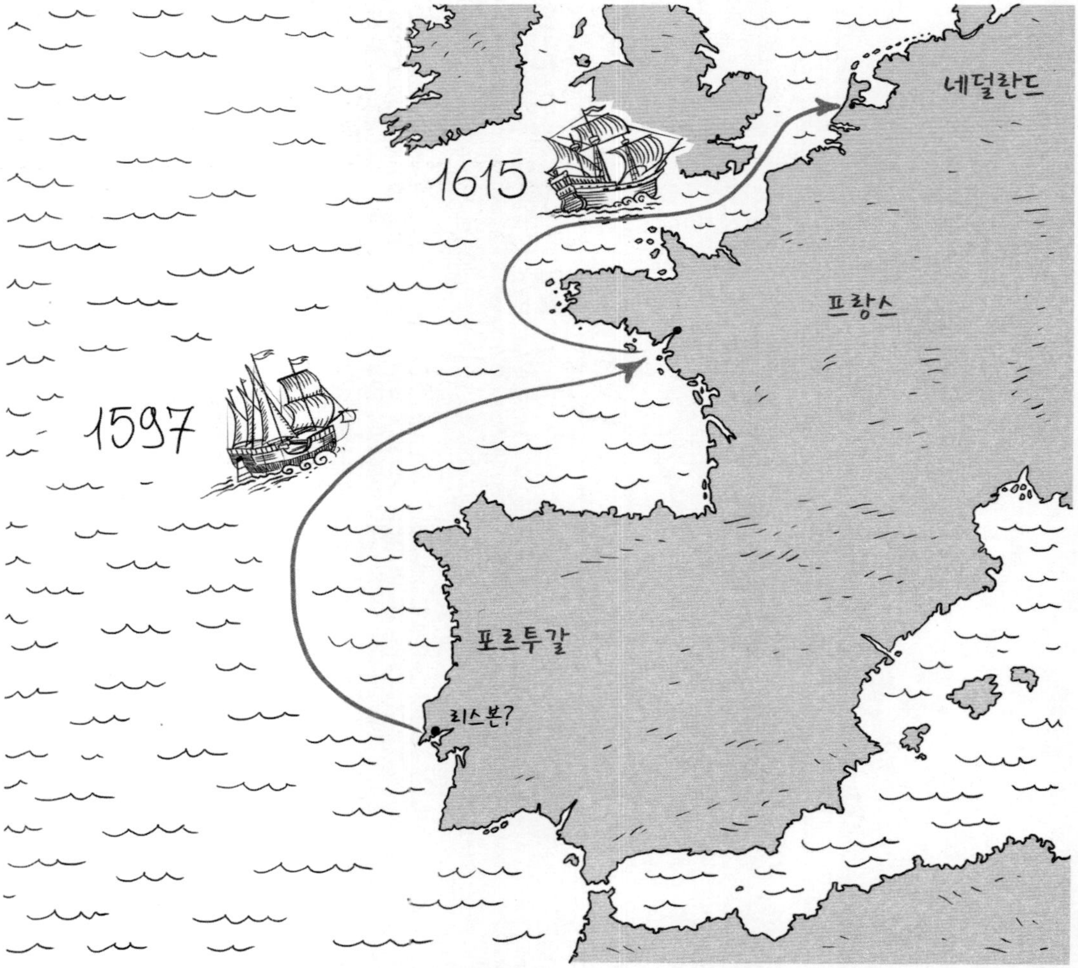

1600년 - 조르다노 브루노가 로마에서 이단으로 판결받고 산 채로 화형당하다.
1609년 - 케플러가 태양 주위를 도는 행성들의 타원 궤도에 관해 첫 번째 법칙들을 발표하다.
1610년 - 갈릴레이가 달에 있는 산을 관찰하다. 아리스토텔레스가 제시했던 달 아래쪽 세계에 관한 이론이 무너지다.
1626년 - 윌리엄 하비가 피의 순환을 발견하다.

유대인 거주 지역에 오신 것을 환영합니다.

렘브란트의 집 (1639년부터)
베두인 이스라엘의 유대교 회당(1639)
네브 샬롬 유대교 회당(1608)
스피노자가 1632년에 태어난 집
포르투갈인들의 유대교 회당(16기)

스피노자의 아버지인 미구엘 지 이스피노자는 암스테르담 유대인 지구에 저택을 소유하고 있었다. 그는 견과류나 올리브 기름 같은 상품을 무역 거래하는 유명한 상인이 됐다.
그는 또한 암스테르담 유대인 지구인 요덴부르 혹은 '새로운 예루살렘'의 유대교 회당에서도 활발히 활동했다.

1633년 - 갈릴레이 재판
- 데카르트는 갈릴레이처럼 지구 운동에 대한 주장을 펼치려 했던 책 『세계, 혹은 빛에 대한 시론』의 출간을 포기하다.

1632년 11월 24일, 바루흐-벤투 에스피노자가 태어나다.

어린 바루흐-벤투는 유년 시절을 요덴부르트 구역에서 보낸다. 그의 어머니는 그가 고작 여섯 살 때 돌아가셨다. 일곱 살 무렵, 그는 당시 45세였던 렘브란트와 마주쳤을 수도 있을 것이다. 이 거장은 그 무렵 이웃으로 이사했다.
바루흐-벤투는 포르투갈어와 에스파냐어, 그리고 네덜란드어를 말했다. 여덟 살 때는 탈무드 토라 학교에 가서 히브리어와 아람어를 배웠다.
그의 부모는 뛰어난 지적 능력을 갖춘 아들이 랍비가 되기를 바랐다.

1645년 - 파스칼이 최초의 계산기(파스칼린)를 만들다.

스피노자는 유년 시절 학습 기간에 성경과 유대 문화에 익숙해졌다. 나중에 성인들을 위한 학습 모임인 예쉬바에서 마이모니데스 같은 유대 철학자들을 발견했다.

스피노자가 스물한 살 때 아버지가 돌아가셨다. 그래서 남동생 가브리엘과 함께 가업을 이을 수밖에 없었다.

그러나 스피노자는 끝내 아버지의 고든 유산을 포기했고 오직 부모님이 쓰시던 침대만을 물려받았다. 그는 생애 마지막 날까지 그 침대에서 잤다.

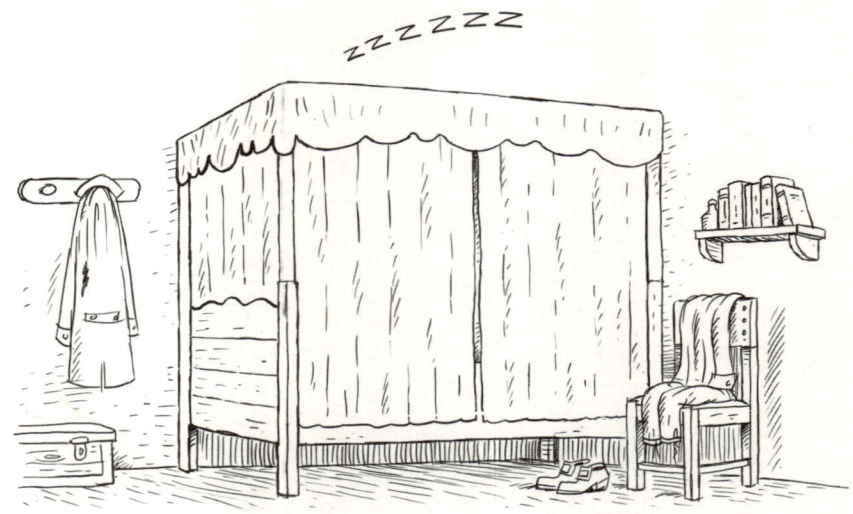

이 시기에 그는 종교적인 공부에서 점점 멀어져 프란시스쿠스 반 덴 엔덴 학교에 입학해서 라틴어를 배우고 당대 철학과 과학을 새로이 발견했다.
스피노자는 '신 철학' 지지자들과 콜레지안들(교회의 권위 밖에서 모이는 기독교인들), 그리고 시대를 앞서가는 생각을 하는 그 밖의 자유사상가들을 만나기 시작했다.

사실 여부는 명확하게 밝혀지지 않았고 스피노자 자신도 저서에서 이 사건을
명시적으로 언급하지는 않았지만, 어느 날 저녁 누군가가 그를 칼로 찌르려고 했다고 한다.
다행히 스피노자는 무사했고 그의 옷에만 구멍이 뚫렸다고 전해진다.

그는 이 옷을 그의 평생 간직했다고 하는데, 이는 질 들뢰즈가 그의 「스피노자의 일생」이라는 글에서 썼듯이
"생각이 언제나 사람들로부터 사랑받는 것은 아니다"라는 사실을 스스로 환기하기 위해서였다고 한다.

* 함부로 믿지 말자.

반 덴 엔덴은 자기 라틴어 학교에서 연극을 교육 방법으로 사용했다.
1658년 무대 위에 서 있는 스피노자를 상상할 수 있다.

* 로마의 극작가 테렌스의 작품 「에우노코스(환관)」 중에서
"자기 내면에 이성도 절도도 없는 사람, 너는 그런 사람을 이성으로 인도할 수 없어."

반 덴 엔덴은 라틴어 수업에 큰딸 클라라 마리아의 도움을 받았다. 콜레루스에 따르면 스피노자는 그녀를 짝사랑하고 그녀와 결혼하고 싶어했던 것 같다. 그러나 이것은 소문에 불과하다. 스피노자가 그의 논문에서 설명하듯이 그것은 단지 하나의 '가능성', 허구에 지나지 않는다.

그가 23세였던 1656년 7월 27일, 암스테르담의 유대인 사법 당국은 스피노자에게 헤렘(파문 명령)을 내렸다. 스피노자를 유대인 공동체에서 영원히 추방할 것을 선언한 이 문서는 그 내용이 격하기 그지없어 악명 높다. 하지만 이 사건을 두고 스피노자의 전기적 사실에 관한 전문가 사이에서 그 해석과 의견이 엇갈린다. 과연 젊은 스피노자는 유대교 교리에 반하는 주장을 공개적으로 펼쳤던 것일까? 아니면 단순히 집안의 사업을 운영하면서 유대인 공동체의 관습과 법률을 저버리고 네덜란드 국가의 법을 따랐던 것일까? 아니면 이것은 유대인 디아스포라를 자국 내에 받아들일 줄 알았던 네덜란드 국가에 맞서, 전복적인 사상의 확산을 막고자 투쟁하겠다는 결의를 보여준 랍비 집단의 문제였을까?

이 사태의 실상이 무엇이든, 스피노자는 새로운 철학으로 향하는 자기 길을 계속해서 걸어가게 됐다.

> 1661년 - 마르첼로 말피기가 새로운 현미경을 사용하여 윌리엄 하비가 존재한다고 가정했던 모세혈관을 직접 관찰하다.

스피노자는 금전적 이익뿐 아니라 과학적인 이유로 망원경과 현미경 렌즈 연마사가 돼 이 분야에서 명성을 얻었다. 물리학자 크리스티안 호이겐스도 그의 고객 중 한 사람이 됐다.

이런 직업 활동 겸 과학 활동을 병행하면서 그는 『소고』, 『지성 개선론』, 그리고 아마도 『에티카』 같은 초기 저술에 몰두했다.

스피노자는 라이덴 대학에 다녔고, 아마도 데카르트주의자 교수들의 강의를 들었을 것이다.
그는 데카르트 철학의 대가가 됐으며 그의 주변에 자유사상가 친구들이 모여들었다.

1661년 그는 암스테르담을 떠나 라이덴에서 멀지 않은 린즈부르크에 정착했다.
그는 한편으로 렌즈를 연마하고 다른 한편으로 집필을 계속했다. 그는 동료 소유의 작은 아파트를 임대해 살았는데, 이 집은 아직도 존재하고 현재 박물관으로 사용되고 있다.

이것은 네덜란드 영토 안에서 이뤄진 이동의 시작이었고,
이 이동은 각각의 경유지마다 그의 주요 저작으로 이정표가 세워진 그의 지적인 여정이기도 했다.

암스테르담

- 『소고』(1862년에 이르러서야 출간됨)
- 『지성 개선론』(미완성, 1677년에 『유고집』에 포함돼 출간됨)
- 『에티카』(1677년에 『유고집』에 포함돼 출간됨)

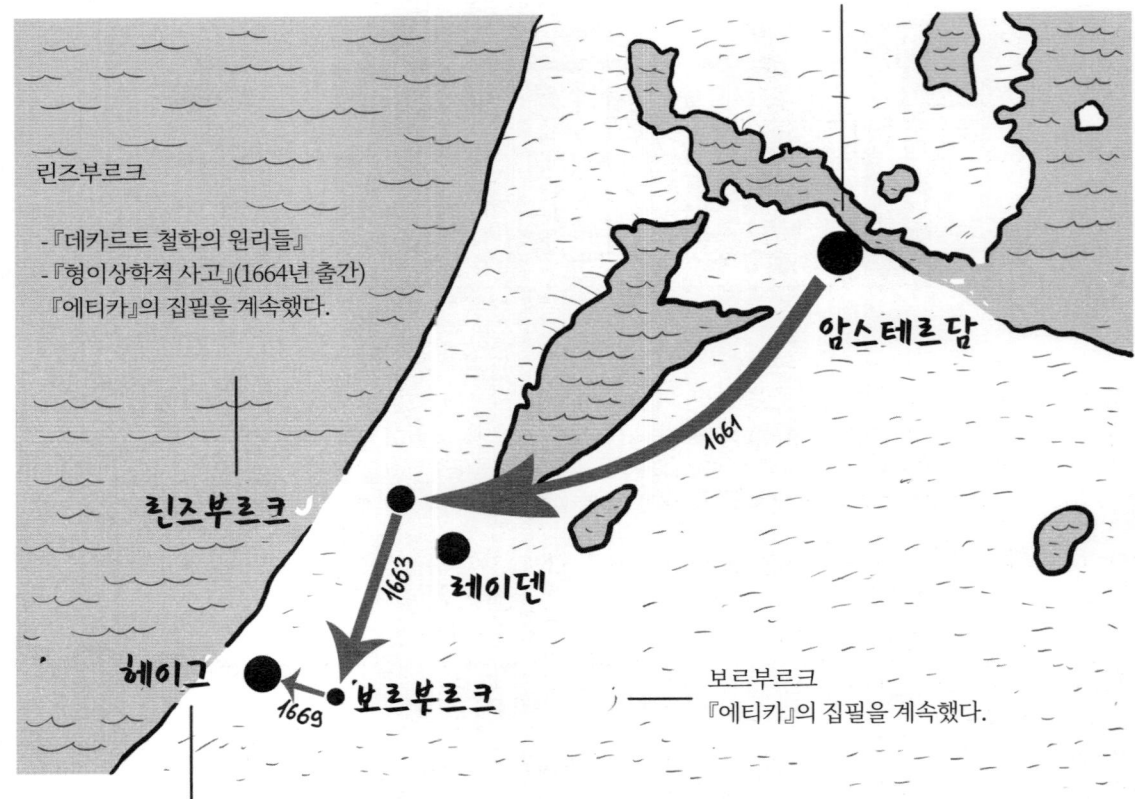

린즈부르크

- 『데카르트 철학의 원리들』
- 『형이상학적 사고』(1664년 출간)
『에티카』의 집필을 계속했다.

보르부르크
『에티카』의 집필을 계속했다.

헤이그
- 『신학정치론』(1670년 출간, 1675년 금서로 지정됨)
- 『히브리어 문법 요약』(1670~1675년 집필된 듯함. 1677년 『유고집』에 포함돼 출간)
- 『에티카』를 1674년에 끝마쳤으나 출간을 포기.
- 『정치론』(스피노자의 죽음으로 미완성, 1677년 『유고집』에 포함돼 출간)
- 『유고집』(1677년 스피노자가 죽자, 곧바로 친구들이 불법으로 출간)

1663년 스피노자는 헤이그 외곽의 보르부르크로 이사해 화가인 다니엘 타이만과 함께 살게 됐다. 그곳에서 그는 그림과 회화에 전념했다. 스피노자 자신이 이탈리아 반군 지도자였던 마사니엘로 묘사됐을 법한 그림을 피터 드 요데가 판각한 복제품을 제외하고는 그의 작품 중 어떤 것도 발견되지 않았다.

그러나 1665년 무렵, 네덜란드를 지배하던 관용의 정신은 공화주의적이고 자유주의적인 이 국가에 자신들의 견해를 강요하고 침범하려는 칼뱅주의 교회의 압력으로 위태로워졌다. 스피노자는 자신의 이름을 밝히지 않은 채 『신학 정치론』을 출판했지만 아무도 속지 않았고 '무신론자'라는 엄청난 비난에 직면했다.

오라녜공 겸 나사우 백작인 빌럼 3세(윌리엄 3세)는 프랑스-잉글랜드 연합과의 전쟁을 계기로 권력을 잡았다. 한편 네덜란드의 자상 요한 더빗의 정책에 불만을 품은 네덜란드 국민은 그를 그의 형인 코르넬리스와 함께 반역 혐의로 체포해 헤이그 감옥에 가뒀다. 그리고 헤이그 시민은 감옥을 습격해 더빗 형제를 살해했다. 유능하고 관대했던 이 정치인의 죽음은 네덜란드인들에게 오욕의 역사로 남았다.

전하는 말에 따르면, 스피노자는 공화국과 사상의 자유를 종식시킨 이 끔찍한 살인 사건에 충격을 받아 '야만의 궁극'이라는 제목의 대자보를 게시하려고 했다. 하지만 그의 집주인이 그에게 최악의 문제를 일으키게 할 이 행위를 막으려고 그를 집에 가두고 밖에 나가지 못하게 했다고 한다.

스피노자는 단순하고 검소한 삶을 살았다. 콜레루스는 "그는 하루종일 버터 넣은 우유 수프만을 먹으며 살았다. 몇 푼 들지 않았을 것이다."라고 회고했다.

그는 꼭 필요한 것이 있을 때만 친구들에게서 재정적인 도움을 받았다. 그는 때때로 가까운 지인들에게 "나는 꼬리를 입에 물고 원을 그리고 있는 뱀과 같아. 한 해 동안 번 돈 중 아무것도 남지 않았다는 것을 보여주려고 그렇게 하지."라고 말하기도 했다.

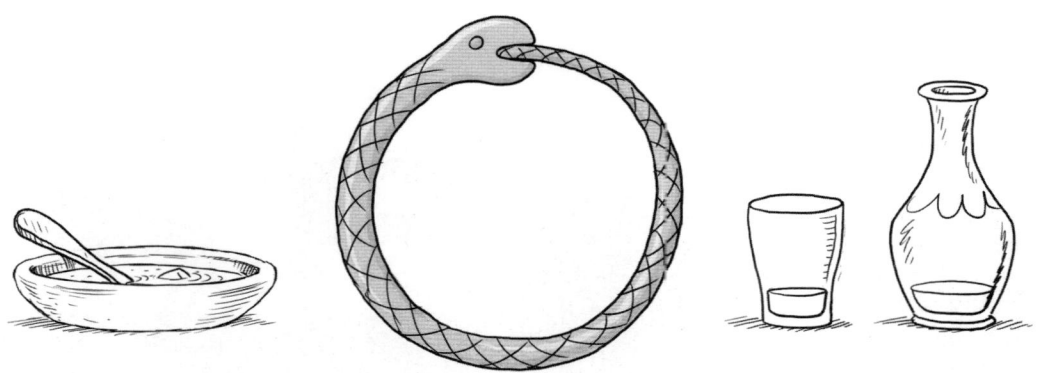

전설은 스피노자를 매우 고독한 사상가로 만들었지만, 그는 평생토록 많은 동시대 주요 인물과 서로 방문하거나 서신을 주고받으며 지냈다.

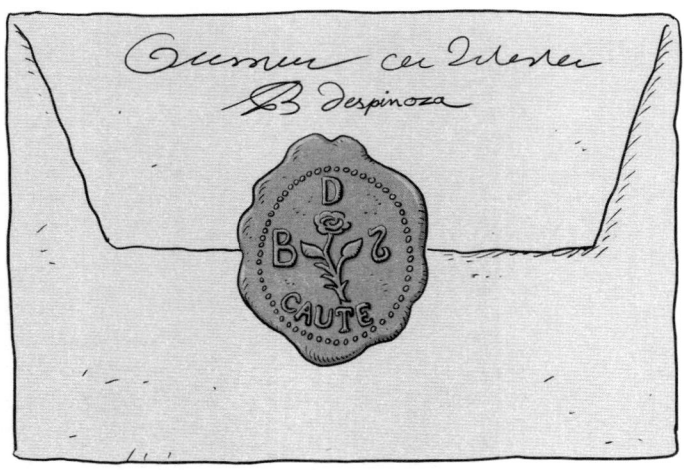

스피노자는 젊은 시절부터 몸이 허약했다. 그는 당대에 널리 퍼져 있었으나 사람들이 그 정체를 잘 몰랐던 폐병을 앓았다. 훗날 이 병은 '결핵'이라고 불렸다.
스피노자는 1677년 2월 21일 향년 44세를 일기로 세상을 떠났다.

그의 친구들은 서둘러 남아 있는 원고들을 모았고, 몇 달 후 베네딕투스 데 스피노자의 이니셜 B.D.S만 있고 출판사의 이름도 나와 있지 않은 『유고집』을 라틴어로 출간했다. 이 유고집에는 그의 친구 중 한 명인 야릭 예레스의 서문과 함께 스피노자의 미공개 원고 『에티카』, 『지성 개선론』, 『정치론』, 『히브리어 문법 요약』, 그리고 철학자 자신의 서신과 색인이 수록돼 있다.

1687년 - 뉴턴이 만유인력 법칙을 밝힌 『자연철학의 수학적 원리』를 출간하다.

1678년 6월 25일, 네덜란드 정부는 스피노자의 『유고집』을 '불경하고 무신론적이며 신성모독적인' 책이라는 이유로 '판매, 인쇄 및 번역'을 금지했다. 하지만 이 금지는 오래 유지되지 않았다. 1679년 3월 13일, 바티칸은 『신학 정치론』을 금서 목록(Index librorum prohibitorum)에 올렸고, 1790년 8월 29일에는 교황에 의해 『유고집』의 전체 내용이 금서 목록에 올랐다.
이 금서 목록은 1966년에 공식적으로는 폐지됐지만, 바티칸은 거기에 여전히 어떤 도덕적 가치를 부여하고 있다. 프란치스코 교황은 2017년 이탈리아의 대표적인 무신론자 언론인 에우제니오 스칼파리와의 인터뷰에서 스피노자를 높게 평가하지 않는다고 털어놓았다.
마찬가지로 유대교의 랍비 당국은 여전히 그에 대한 헤렘의 해제를 거부하고 있다.

스피노자가 철학에 기여한 바는 어마어마하다.

헤겔: "스피노자는 현대 철학에서 중요한 지점이다. 다음의 두 가지 중 하나를 택해야 한다: 스피노자이거나 아니면 철학이 없거나."

니체: "나는 놀랍고 기쁘다! 나에게도 선구자가 있다. 그리고 이 얼마나 대단한 선구자인가! (...) 스피노자."

베르그송: "모든 철학자는 두 개의 철학을 가지고 있다고 말할 수 있을 것이다. 자신의 철학과 스피노자의 철학."

들뢰즈는 스피노자를 "철학자들의 왕자"라고 불렀다.

현대 과학의 영역에서도 스피노자는 본질적인 공헌을 하고 있다.

아인슈타인: "나는 인간의 운명과 행동을 보살펴주는 신이 아니라 존재하는 것의 조화로운 질서에서 자신을 드러내는 스피노자의 신을 믿는다."

프로이트: "나는 스피노자의 학설에 내가 의존하고 있음을 전적으로 인정한다."
신경과학자인 안토니오 다마지오는 2005년에 『스피노자가 옳았다 - 기쁨과 슬픔, 정서들의 뇌』라는 책을 출간했다.

그리고 사람들이 스피노자에 대해서 말하는 일은 아직도 끝나지 않고 있어요.

한글판 역자 주석

1) 앞서 자연의 모든 사물은 형상과 관념으로 동시에 이뤄졌다고 말했는데, 이것이 이 돌멩이(자연의 사물)를 이루는 형상(forme)이다.
2) 이것이 이 돌멩이를 이루는 관념이다.
3) '연장'이란 '공간적으로 퍼져 있다'는 것을 말한다. 공간 자체가 '퍼져 있는 것(연장)'이고, 공간을 채우고 있는 물질들도 역시 '퍼져 있는 것(연장)'이다.
4) 스피노자에 따르면, 자연에는 오직 하나이고 유일한 실체만이 존재하며, '사유'와 '연장'이란 이 하나뿐인 실체가 자신을 표현하는 두 가지 서로 다른 측면이다. 다시 말해, '사유'와 '연장'은 오직 하나뿐인 실체에서 일어나고, 일을 각기 서로 다른 방식으로 표현하는 두 가지 서로 다른 측면이라는 것이며, 그렇기 때문에 '사유'에서 일어나는 일과 '연장'에서 일어나는 일 사이에는 엄밀한 '일대일' 대응관계가 성립하게 된다는 것이다. 앞에서 자연의 모든 각각의 사물은 형상과 관념으로 동시에 이뤄져 있다고 말했는데, 이때의 형상과 관념이란, 실체 속에 들어 있는 하나이고 동일한 것이 각각 '연장'과 '사유'의 측면을 통해 표현되고 있는 것이라고 이해될 수 있다.
5) 여기서 이 모든 것에 대한 이해를 얻기는 힘들다. 그러나 '그렇구나' 생각하고 그냥 넘어가기를 권한다. 그렇게 하더라도 앞으로의 내용을 이해하는 데는 전혀 문제가 없다. 이에 관한 더 자세한 설명은 같은 시리즈로 출간될 『에티카』를 참조할 것을 권한다.
6) 이것이 스피노자가 회의주의자들의 '무한 퇴행' 논변- 즉 진리의 확실성을 위해서는 그 진리를 보증해줄 다른 진리가 필요하며, 이 다른 진리 역시 또 다른 진리의 보증이 필요한 연속적인 미룸의 과정이 무한히 계속된다는 주장-을 물리치는 방식이다.
7) 여기서 '타고난 관념'이라고 번역한 표현은 다른 많은 철학책에서는 주로 '본유(本有) 관념'이라고 번역된다.
8) 여기에 열거된 사례가 우리의 타고난 참된 관념들이다.
9) 여기서 말하는 '그 같은 관념'이란 앞에서 말한 '규준으로 삼을 수 있는 관념', 즉, 수많은 사물과 관련되므로 정신 인식의 발전을 촉진할 훌륭한 도구들을 제공할 수 있는 관념이다. 다시 말해, 가장 완전한 존재인 자연 전체, 우주 전체의 관념이다.
10) 나 자신이 존재한다는 것을 내가 알 때, 나의 존재는 '필연적인 것'이고, 따라서 나의 존재에 대한 이런 관념은 허구가 아닌 참된 관념이라는 것이다.
11) 신이 무엇인지를 정말로 안다면, 그의 존재(혹은 비존재)와 관련해 허구적인 관념을 갖는다는 것은, 즉 '신이 존재(혹은 비존재)하는 것이 가능할 수도 있다'고 생각하는 것은 불가능하다는 뜻이다. 나중에 보게 되겠지만, 스피노자에 따르면, 우리가 신이 무엇인지를 정말로 안다면, 신의 존재는 필연적인 것이라는 것을, 따라서 신의 관념은 결코 허구적인 관념이 – 신의 존재(혹은 비존재)를 오로지 하나의 가능성으로만 떠올려보는 허구적인 관념이 – 될 수 없는 참된 관념이라는 것을 알 수 있다.
12) 영원한 진리에 대해서는 허구적인 관념을 지어낼 수 없다는 말이다. 영원한 진리는 '필연적인 것'이기에 단지 '가능한 것'과 관련해서만 성립할 수 있는 허구적인 관념이 적용될 수 없다는 것이다.
13) 긍정에서 부정으로 바뀌는 경우는 "...이다"에서 "...아니다"로 바꾸는 경우를 말하며, 부정에서 긍정으로 바뀌는 경우는 그 반대 경우이다. 가령, 다음 예문에서 볼 수 있듯이, '신은 존재한다'에서 '신은 존재하지 않는다'로 바뀌게 되는 경우가 첫 번째 경우의 예이며, '아담은 생각하지 않는다'에서 '아담은 생각한다'로 바뀌게 되는 경우가 두 번째 경우이다.
14) 무엇인가를 (가령 아담을) 정의한다는 것은 그것의 본질을 밝힌다는 것이다.
15) 여기서 '순수한'이라는 말은 '경험에 근거해서가 아니라 순전히 생각에만 근거해서'라는 뜻이다.
16) 스피노자에게 실체의 '불가분성'이라는 특성은 곧 실체를 구성하는 여러 속성 각각의 특성이기도 하다. 그러므로 스피노자에게는 실체를 구성하는 여러 속성 중 하나인 물체가 불가분적인 것인 반면, 기독교 철학자들에게 물체는 무한히 나뉠 수 있는 부분들로 구성됐으므로 이들은 서로 대립한다.
17) 소개된 그림 설명은 이런 생각이 잘못됐음을 풍자적으로 보여준다. 망치나 손가락은 내가 창조한 환상이라고 생각하는 허구적인 관념에서 출발했지만, 망치로 맞아보니 손가락에 실제로 통증이 느껴진다. 그러므로 허구에서 출발했지만, 어떤 (허구가 아닌) 진짜 사실(진리)을 발견할 수도 있다. 다시 말해, 허구에서 출발했지만, '망치에 맞아 손가락이 아픈 것'도 허구(환상)라는 주장을 받아들이지 않게 된다.
18) '명석판명하다(claire et distinct)'는 것은 데카르트가 참된 관념의 특징으로 꼽은 성격인데, 스피노자는 이를 따르고 있다. 어떤 것이 명석하다(claire)는 것은 그것을 구성하는 성분들이 분명히 드러난다는 것이다. 어떤 것이 판명하다(distinct)는 것은 그것이 다른 것들과 불분명하게 혼동되지 않고 뚜렷하게 잘 구분된다는 것이다.
19) 위의 그림에 나오는 '칼을 빼 들고 사람을 위협하는 인간'의 관념이 혼잡한 까닭은, 인간의 본성을 구성하는 수많은 부분 중에서 단지 '잔인성'이라고 부를 만한 면만을 떼어내 부분적으로 –즉, 피상적으로– 인식하기 때문이다.
20) 다소 낯선 표현이지만, 여기서 말하는 '동의(同意)를 상정한다'는 것은 '외부 대상이 그것에 대한 우리의 관념에 '일치'할 것으로 믿는다'는 뜻이다.
21) 지금 만화에서 이야기되고 있는 레옹의 친구(레옹이 브라질에 가 있다고 믿고 있는 친구)의 존재가 여기서 말하는 '사물의 존재'의 한 예이다.
22) 스피노자는 지성의 작용 같은 정신 활동은 물체의 물질적 활동으로 환원될 수 없다고 주장한다. 이 점은 『에티카』에서 분명하게 논의된다.
23) 참된 관념을 참된 관념이게 하는 저 '실재적인 뭔가'를 '형상(forme)'이라고 부른다. 이 '실재적인 뭔가'는 참된 관념 밖에 있는 대상이 아니라 – 참된 관념이 가리키는 대상이 아니라– 참된 관념 안에 있는 어떤 것 –즉 참된 관념이 내적으로 가지고 있는 어떤 것 – 인데, 그것을 '형상'이라고 부른다.
24) 여기서 '어떤 물질적(질료적) 사물에 의해 야기된다'는 말은 '어떤 외부 대상(물체)를 가리킨다'는 의미로 보인다. 스피노자에 따르면 참된 관념의 특성인 '외부 대상(물체)과의 일치'는 어떤 관념을 참되게 하는 원인이 아니라, 어떤 관념이 참된 관념일 때 일어나는 결과이다. 그러므로 어떤 관념을 참된 관념이 될 수 있게 하는 원인은 이 '대상과의 일치'와는 다른 면에서 찾아야 한다. 즉 외부 대상과의 관계가 아니라 관념 자체의 내부에서 찾아야 한다.
25) 스토아학파 사람들이 추상적인 방식으로 생각한다는 스피노자의 비판은 그들이 이 자명한 것을 위반하고 있다는 비판이다.

26) 흔히 상상력(imagination)은 '지금 여기에 있지 않은 어떤 대상을 생각으로 떠올리는 능력'을 가리키지만, 여기서 말하는 상상력(혹은 상상 활동)은 이뿐 아니라, imagination이라는 말이 본래 의미하는 대로, '어떤 상(image)을 떠올리는 능력(이나 활동) 일반'을 지칭한다. 그러므로 지금 눈앞에 보이는 어떤 대상을 지각하는 활동도, 그것이 어떤 상을 지각하는 표상 활동이므로 상상력의 활동에 포함된다.

27) 여기서 스피노자는 기억(mémoire)과 상기(회상)(réminiscence)를 구분해 논한다. 이 둘은 어떻게 다른가? 기억이 이뤄지는 과정에 대한 스피노자의 설명을 보면, 그는 '기억'을 '경험이 저장되는 현상'으로 이해하고 있음을 알 수 있다. 스피노자는 기억을 경험이 '간직되는' 현상으로 본 것이다. 그렇다면 이 같은 기억과 구분되는 상기(회상)는 기억이 간직하고 저장하는 경험(과거의 경험) 중에서 일부를 다시 떠올리는 현상으로 이해할 수 있다. 즉 상기는 기억의 토대 위에서 이뤄지는, 기억보다 후차적인 현상이다. 다시 말해, 기억이 간직한 경험 중에서 일부를 다시 떠올리는 현상으로서, 기억과 구분된다.

28) '신체의 배치(dispositions corporelles)'라는 표현은 우리에게 낯설고 어색하게 들린다. 하지만 아래의 친절한 그림 설명의 도움을 받아 이를 이해해보자. 아이가 '고양이'라는 말을 듣기 전과 듣고 난 뒤에 신체의 배치에 변화가 일어난다. 아이의 신체에 새롭게 부여된 '고양이'라는 말의 음파가 아이의 신체에 어떤 작용(영향)을 해서 – 예컨대, 이전에는 없던 새로운 청각적 인상 같은 것을 새겨넣어 – 그 신체의 배치를 이전과 다르게 바꿔놓는다(그러므로 '신체의 배치'라는 말은 '신체를 구성하는 수많은 부분이 서로 짜여 있는 상태'를 말한다). 스피노자는 지금, 예컨대 '고양이' 같은 특정한 말이 이렇게 해서 생기는 어떤 특정한 신체의 배치(상태)와 관련있다고 주장하는 것이다. 우리가 '고양이' 같은 말을 배우게 되는 것은 이 특정한 신체의 배치(상태)가 기억에 축적된 데 따른 것이라는 주장이다.

29) 물론 이 '신체의 경험'은 신체의 배치에 변화를 가져다준다.

30) 여기서 예로 든 표현의 원어인 incorporel, infini, incréé, indépendant, immortel은 보다시피 그들보다 먼저 존재하던 단어 앞에 '부정'을 나타내는 접두사 in을 붙여 만든 것이다. 우리말에서는 '비(非)' '무(無)' '불(不)' 등이 이런 기능을 한다.

31) 갈릴레이처럼 지성의 추론으로 '진공 상태에서 모든 물체는 무게와 상관없이 똑같은 속도로 낙하한다'는 명제를 제시하고, 여기서 출발해 상상력을 통해 경험하는 현상을, 즉 '경험 세계에서는 두꺼운 물체가 더 빨리 낙하한다'는 현상을 설명하는 순서로 나아가는 것, 그리고 상상력에 의존하는 보통 사람들처럼 이 경험적 현상을 먼저 놓고 나아가는 것은 그 탐구의 순서가 상반된다.

32) 예로 든 이 모든 진술은 사태의 진상(참된 순서)을 거꾸로 뒤집는 거짓된 관념(생각)의 사례이다. 이 진술들은 마치 모든 것이 '무엇인가를 위해' 있는 것처럼 – 특히 '인간의 필요를 위해' 있는 것처럼 – 생각하는 방식을 드러낸다. 이런 생각의 방식은 결국 저 성직자가 말하듯이 '모든 것이 우리 인간을 위해 존재한다'는 생각으로 귀결될 수 있을 것이다. 스피노자는 이 같은 목적론적 사고방식(목적론적 세계이해)에 대해 지극히 비판적이다.

33) '근접 원인'이란, 말 그대로, '가까이 있는 직접적 원인'이라는 뜻이다. 예컨대, 어떤 사람이 길을 지나가다가, 어제 내린 비로 물이 새는 지붕을 고치던 사람이 떨어뜨린 망치에 맞아 다쳤다고 가정해보자. 행인을 다치게 한 '근접 원인'은 지붕 수리자가 망치를 떨어뜨린 사건이다. 어제 내린 비 또한 그가 망치를 떨어뜨리게 해서 행인을 다치게 한 원인으로 개입하지만, 이 원인은 그를 다치게 한 '근접 원인'이 아니라 단지 '멀리 떨어진 원인'일 뿐이다.

34) 스피노자 철학에 익숙하지 않은 사람은 스피노자가 여기서 말하는 '정신'이 무엇을 의미하는지를 이해하는 데 큰 어려움을 겪을 수 있다. 이 문제를 몇 마디 설명으로 해결하기는 어려우므로 일단 문장 전체의 의미를 이해하는 데 주력하기를 권하고 싶다.

35) '정신'이라는 명사가 '정신적인'이라는 표현으로 형용사화됐다.

36) 스피노자에 따르면, 존재하는 모든 것의 원인이 되는 어떤 것은 – 스피노자는 이것을 '신' 또는 '자연'이라고 부른다 – 또한 이 모든 것 각각에 대응하는 관념의, 따라서 존재하는 모든 참된 관념의, 원인이 되기도 한다. 스피노자는 여기서 존재하는 모든 참된 관념의 원인이 되는 이 어떤 것(신 또는 자연)의 이런 측면을, 이 어떤 것의 '정신의 본질'이라고 부른다. 그러므로 이 어떤 것(신 또는 자연)의 이 '정신의 본질'에서 나올 수 있는 모든 관념을 참된 순서에 따라 연역할 수 있다면, 바로 그렇게 나온 이 관념들의 질서가 – 이 관념들을 모두 순서에 따라 하나로 통일하는 이 질서가 – 곧 존재하는 모든 것의 참된 질서가 될 것이다. 스피노자가 '관념 순서짓기'라는 항목에서 추구하는 것이 바로 이것이다.

37) 자연에 존재하는 모든 것은, 그것들을 존재하게 하는 여러 원인의 계열이 불변하고 영원한 자연의 법칙에 따라 모두 필연적으로 존재하게 한 것들이다. 따라서 이 '원인들의 계열'이나 '자연의 법칙들'의 관점에서 보자면, 그것들 모두가 필연적으로 존재하는 이 모든 것은 어느 것이 다른 것보다 앞서거나 뒤서는 순서의 구분 없이 모두 동시적으로 존재한다. 사물 사이에 순서의 구분이 없어지는 이런 사태를 두고, 스피노자는 "이 두 측면의 관점에서 보면, 모든 사물은 다 비슷하기 때문이다."라고 말했다.

38) 앞서 스피노자가 설명하듯이, 이 반성적 인식이란 곧 '관념의 관념(관념에 대한 관념)'을 말하는 것이다.

39) 앞서 스피노자는 참된 관념은 자신이 왜 참된 것인지 스스로 보여줄 수 있는 특성을 갖추고 있다고 주장했고, 참된 관념을 참된 것일 수 있게 해주는 이런 특성을 일컬어 '참된 관념(진리)의 형상'이라고 불렀다.

40) 지금 말하는 '지성 자체에 대한 인식, 그리고 지성의 특성과 그 역량에 대한 인식'과 바로 위에서 말하는 '진리의 형상을 구성하는 것에 대한 인식'은 사실상 같은 것이다.

41) 앞서 스피노자가 '어떤 일이 어떻게 일어나는지 알지 못할 때는, 틀린 생각을 하고 있는 것'이라고 주장한 것에 대응해 스피노자 자신이 '어떻게 그런 주장을 할 수 있는지'를 설명해보라고 한다. 이 '어떻게'를 설명하지 못하면, 자신의 주장이 틀린 것이 될 테니 말이다.

42) 운동이라는 것은 공간에서의 위치 이동으로 일어나는 현상이므로, 운동은 공간과 연관해서 – 공간에 상대적으로 – 생각하게 된다. 공간과의 관련성이 없이는 – 공간에 대한 상대성이 없이는 – 운동이라는 것을 아예 생각할 수 없으므로, 운동의 관념은 그것과 다른 관념인 공간의 관념으로부터 형성되는 것이다. 반면, 공간의 양(量)은 운동과 달리 독립적으로 그것 자체를 생각할 수 있으므로, 그 관념은 다른 관념들과의 관련없이 절대적으로 형성된다.

43) 지성에 대한 정의는 지성의 본질에 대한 규명이므로, 지성의 본질을 구성하는 공통 요소를 찾음으로써 올바르게 지성을 정의할 수 있다.

44) 여기에 저자 자신이 이 책의 내용에 대해 달고 있는 7개의 주석이 모여 있다.

| 역자의 말 |

스피노자가 보여 준 빛의 순간

이제 곧 100세 시대를 넘어 평균수명이 거뜬히 150세가 되는 시대가 온다고 한다. 불과 얼마 전까지만 하더라도 인류는 60세라는 환갑의 나이를 하늘이 베풀어 준 시간을 원만히 다 할 수 있었던 것으로 축복해 왔었던 것 같은데, 그냥 수명만 길게 늘어나게 되는 것이 아니라 충분히 건강하고 젊은 신체적 조건을 오래도록 그대로 유지한 채, 과거의 그 어떤 종교적 성인이나 영광의 인물들도 누리지 못했던 긴 시간의 삶을 우리 그저 평범한 사람들도 누려 볼 수 있게 된다고 한다. 그 정점에 서 있는 것이 현재 미국에서 진행되고 있는 '길가메시 프로젝트'일 것이다. 생명공학 기술의 발달로 200년, 300년이 아니라 그것을 넘어, 언제까지나 청춘의 몸으로 영생을 누리는 가능성을 넘보려 하는 이 프로젝트가 성공한다면 ─ 과학기술의 발전이 이 일을 해내지 못할 것이라고 누가 함부로 말할 것인가! 오히려 그것이 이제까지 이뤄 온 놀라운 성취들을 생각해 본다면, 생각보다 가까운 시일 내에 성공할 수 있을 것이라는 전망에 내기를 거는 것이 승률 높은 셈법일 것이다 ─, 생로병사의 고통도 벗어날 수 없는 굴레가 되지 않을 것이며 죽음이라는 운명도 더는 극복할 수 없는 한계가 아니게 될 것이다. 생로병사의 고통이나 죽음이라는 것은 우리 인간이 근본적으로 유한한 존재라는 것을 말해 주는 절대적인 한계라고 생각되어 온 것이며, 이로 인해 인류는 자신의 이러한 유한성을 극복할 수 있게 해주는 방법으로 종교라는 것을 찾아온 것으로 보인다. 그런데 이제 우리는 이러한 우리 자신의 근원적인 한계를 넘어설 수 있게 해주는 것이 종교가 아니라 과학인 것 같은 시대를, 우리를 인간의 근원적인 한계를 넘어서는 초인으로 거듭날 수 있게 해주는 것이 사후세계에서의 구원이나 열반을 약속해 주는 종교가 아니라, 실은 지금 여기에서의 영생과 영락(永樂)의 가능성을 개척해 가는 과학인 것 같은 시대를 맞이하고 있는 것이다.

하지만 우리 자신에게 한번 진지하고 솔직하게 물어보자. 과연 지금 이대로의 삶을 언제까지나 변함없이 그대로 이어 나가는 것을 우리는 진정으로 바라고 있는 것일까? 내가 지금 살아가는 이 삶의 모습을 변함없이 그대로 70년이 아니라 100년이나 200년, 아니 그보다 훨씬 더 긴 세월 ─ 어쩌면 영원히 ─ 계속해서 연장해 나가는 것, 내가 진정으로 바라고 있는 것은 바로 그런 것이란 말인가? 지금 나의 삶이 만약 진정한 행복과는 거리가 먼 지리멸렬한 것이라면, 그것을 70년이 아니라 100년, 200년으로 늘려나간다 한들, 그것이 대체 무슨 소용이 있을까?

스피노자는 우리의 삶을 성공적인 영생으로 이어가게 하는 것은 – 그것이 아니라면 적어도 100년이나 200년을 넘어서는 오랜 세월 이어가게 하는 것은 – 우리가 부딪치는 문제를 해결하는 방법이 아니라고 생각한다. 과학은 왜 죽음과 노화의 극복을, 즉 우리의 삶을 지금 이대로의 모습대로 계속해서 성공적으로 –가능하면 무한하게– 이어가는 것을, 최선의 가치라고 생각하게 된 것일까? 지금 이대로의 우리 삶의 모습 속에 대체 어떤 귀한 것이 있길래, 과학은 그것을 무한정하게 연장해 가려 하는 것에 그토록 엄청난 노력과 자본을 투자하고 있는 것일까? 만약 우리가 지금 삶의 모습 속에서 그저 무의미한 지리멸렬 외에 다른 것을 발견하지 못한다면, 이 지리멸렬한 모습을 무한정 이어가기 위해 그토록 엄청난 정열로 자신을 불태우는 과학과 자본의 지금 모습은 얼마나 터무니없는 강박이란 말인가?

지금 이대로의 우리의 삶의 모습이란 대체 어떤 것인가? 이 책이 이야기하고 있는 스피노자의 『지성 개선론』에서도 말하고 있듯이, 그것은 부, 명예(권력), 쾌락을 좇는 것으로 이루어져 있는 모습이다. 그리고 『지성 개선론』은 지금 이대로의 우리 삶의 모습을 만들고 있는 이러한 것들의 추구가 바로 우리의 삶을 지리멸렬한 것이 되도록 만들고 있음을 선언하는 것으로부터 시작된다. "경험은 삶에서 일어나는 모든 일이 늘 허망하고 무익하다는 사실을 내게 가르쳐줬다." 그렇다면 왜 부나 명예(권력), 쾌락을 좇는 것이 우리의 삶을 이처럼 허망하고 무익한 것이 되도록 만드는 것일까? 스피노자 역시 이에 대해 우리 대다수가 이미 잘 알고 있는 이유를 들고 있을 뿐이다. "나는 생각을 계속한 끝에, 이 세 가지 행복이 사실은 분명한 불행이라고 결론지었다." 어지간히 아둔한 사람이 아니라면, 좋아 보이는 듯한 이 세 가지 것의 추구가 결국에는 이처럼 무의미함을 실토하게 되는 것으로 끝날 수밖에 없게 되는 것이라는 것을 모르지 않으리라. 그렇다면 그런 줄 알고서도 부와 명예(권력), 쾌락을 추구하는 삶을 천년만년 이어가고자 하는 저 기이한 욕망은 대체 다 어디에서 오는 것일까?

그것은, 스피노자 자신이 고백하듯이, 부와 명예(권력)와 쾌락을 주지 못하는 영원하고 진정한 불멸의 행복이라는 것이 과연 정말로 존재하는가 하는 것이 우리가 쉽게 접근할 수 없는 불확실성 속에 감춰져 있는 문제이기 때문일 것이다. "나는 죽을병에 걸린 병자가 아직 존재하지도 않는 치료약에 모든 희망을 걸고 필사적으로 찾아 헤매듯이 최고의 행복에 매달렸다. (...) 내가 꿈꾸는 큰 행복은 비록 그것이 실제로 존재하는지는 불확실했지만, 그것이 불멸하기를, 그래서 온전히 만족스러운 것이기를 나는 바랐다." 눈에 보이지 않는 것의 불확실함은 눈에 보이는 것의 허망함보다 인간을 더 큰 불안으로 멍들게 만든다. 우리 대부분은 약간의 내적 갈등을 겪은 후, 눈에 보이는 것의 확실함을 붙잡으려 하는 것으로 다시 내려앉는다. 그것의 정체가 허망한 것일 수밖에 없는 것임을 뻔히 볼 수 있으면서도, 더 높은 가치의 존재 가능성에 대한 불확실성으로 인해, 우리의 존재는 이 허망한 것에 이토록 질기게 천착하게 되는 것이다.

그런데 스피노자는 우리가 우리에게 본래부터 갖추어져 있는 지성의 능력을 제대로 사용할 수 있기만 하면, 부와 명예(권력)와 쾌락의 허망함을 넘어서는 저 영원하고 진정한 행복이 자연 속에 정말로 존재하고 있음을 우리가 인식할 수 있게 된다고 주장하며, 그러므로 이와 같은 지성의 힘을 통해, 우리의 삶을 허망하기만 한 것을 뒤쫓는 지리멸렬한 모습으로부터 벗어나 자연이 약속해 주는 참되고 영원한 행복을 누릴 수 있는 것으로 거듭나게 할 수 있다고 주장한다. 우리 자신의 이와 같은 새로운 거듭남이 어떤 신비적인 능력이나 외부 은총의 힘에 의해서가 아니라, 인간이라면 누구에게나 공평하게 주어져 있는 지성의 능력에 의해서 가능하다는 것, 하지만 우리 지성의 이러한 잠재력을 올바르게 발휘하기 위해서는, 그것을 교란하는 온갖 방해 요인들로부터 그것을 순수하게 정화시키는 교정의 작업이 필요하다는 것, 바로 이러한 것이 스피노자가 그의 『지성 개선론』을 통해 말하고자 하는 것이다. 지성을 교정하고 개선한다는 것, 스피노자에게 그것은, 오늘날 과학기술의 발전이 지향하듯, 우리 자신에게 더 많은 부와 명예(권력)와 쾌락을, 즉 더 많은 물질적 성공과 안락을 가져다주기 위한 것이 아니라, 오히려 이러한 것에 얽매여 있는 우리 자신의 현실적인 욕망과 삶의 모습을 근본적으로 초극하기 위한 것이다. 스피노자가 지향하고 있는 것은 우리 자신의 현실적인 모습을 천년만년 무사히 이어가는 성공적인 자기보존이 아니라, 바로 이러한 것을 원하는 우리 자신의 욕망을 근본적으로 초극할 수 있는 근본적인 자기 변형인 것이다.

우리 자신의 지성의 힘에 대한 스피노자의 이와 같은 신뢰는 관념이라는 정신적 실재가 그 대상인 물질적 실재와 마찬가지로 자연 자체의 객관적인 속성으로서 존재한다는 생각으로부터 출발하여 얻어지는 것이다. 즉 스피노자에 따르면 관념이란 물질에 의존적인 것이 아니라, 물질과 평행한 관계를 이루며 처음부터 대등하게 존재하는 것이며, 바로 그렇기에 우리가 가질 수 있는 참된 관념들을 올바른 순서대로 정렬해 가기만 한다면, 우리는 자연의 객관적인 진리에 도달할 수 있게 된다는 것이다. 관념과 그 대상 사이에 존재하고 있는 이와 같은 평행의 관계를 출발점으로 하여, 스피노자는 참된 관념이 어떻게 허구적인 관념이나 거짓된 관념들로부터 구분될 수 있는지를, 또한 그리하여 우리가 어떻게 후자로 인해 겪게 되는 병리적 상태로부터 벗어나 전자가 열어 주는 진정한 행복의 길로 나아갈 수 있는지를 체계적으로 설명해 나간다. 우리의 존재를 둘러싼 이 중요한 문제들을 한 땀 한 땀 흐트러짐이 없는 곡진한 자세로 해결해 나가는 듯한 그의 투명하고 고요한 열정을 보고 있노라면, 어느덧 잔잔하고 신비스러운 감동이 밀려오고 있음을 독자들은 느낄 수 있을 것이다.

스피노자의 철학은 우리 인간이 가진 영원하고 근본적인 두 가지 염원인 '진리의 인식'과 '삶의 구원'을 동시에 실현하려 한 노력으로 평가받는다. 이 두 가지 염원을 지성이라는 하나의 원리에 의해 통일적으로 실현할 수 있다고 보는 데 스피노자 철학의 특색이 있다. 지성을 신뢰하고 그것에 의존하여 세계의 모습을 이해하려 하는 것은 오늘날 우리가 과학기술의 발전에서도 흔히 볼 수 있는 자세이다. 그런데 오늘날의 과학기술은 우리의 세계를 유물론적인 세계로 이해하려는 성향을 보이고 있으며, 그리하여 이러한 세계 이해 속에서 우리 인간에게 중요한 문제가 되는 것은 어떻게 하면 물질적인 풍요과 안정을 성공적으로 누릴 수 있느냐 하는 문제, 혹은, 이에서 더 나아가, 어떻게 하면 이 물질적인 풍요와 안정을 더 많은 사람과 함께 공평하고 정의롭게 누릴 수 있느냐 하는 군제가 되고 있다. 실로 유물론적인 세계 이해 속에서는 이러한 문제로 환원될 수 없는 다른 어떤 문제가 우리 인간에게 있을 수 있다는 것이 허용될 수 없을 것이다. 하지만 스피노자의 철학은 지성에 대한 이러한 현재적인 사용이 오히려 지성의 참된 잠재력을 크게 왜곡시키거나 왜소화시키는 것은 아닌지를 우리에게 자문할 수 있게 해줄 것이다.

만화의 형식이 단지 재미를 더해 주는 것을 넘어, 불확실해 보이는 글의 내용을 자신감 있게 이해할 수 있도록 해주는 데에도 커다란 도움을 줄 수 있다는 것을 독자들은 느낄 수 있을 것이다. 어렵기로 소문이 난 철학책에 대해 자신감을 가질 수 있게 해준다는 것이 이 책이 가진 커다란 미덕일 것이다. 살면서 드문드문 찾아오게 되는 〈빛의 순간〉, 이 책이 독자들에게 그런 순간의 존재를 일깨워 줄 수 있는 것이 되기를 바란다. 이 책은 혼자만의 고요한 사색의 시간 속에서 누구보다도 그러한 빛의 순간을 생생하게 살았을 어떤 철학자의 사상을 담고 있기 때문이다.

2023년 12월
조현수

옮긴이 조현수

서울대학교 철학과를 졸업하고 동대학원에서 서양철학 전공으로 석사 학위를, 프랑스 스트라스부르대학에서 베르그송에 대한 연구로 철학박사 학위를 받았다. 서울대, 연세대, 성공회대 등에서 철학 강의를 했으며 능인대학원대학교 명상심리학과 교수를 역임했다.
지은 책으로『성·생명·우주 : 마조히즘에 대한 들뢰즈의 이해로부터 탄트리즘(밀교)의 재발견으로』,『질 들뢰즈의 '마조히즘' 읽기』,『프랑스철학과 정신분석』(공저),『사물의 분류와 지식의 탄생』(공저)이 있으며 옮긴 책으로『우연과 필연』(자크 모노 저)이 있다.

Original title : SPINOZA, A la recherche de la vérité et du bonheur by Philippe AMADOR
© Dunod Éditeur, 2019
This edition is published by arrangement with Icarias Agency Korea.
All rights reserved.

이 책의 한국어판 저작권은 이카리아스 에이전시를 통해 이루어진 저작권자와의 독점계약으로 이숲에 있습니다.
저작권법에 의해 한국 내에서 보호를 받는 저작물이므로 무단전재와 무단복제를 금합니다.

SPINOZA 지성 개선론 1판 1쇄 발행일 2024년 1월 15일 **각색 및 그림** 필립 아마도 **옮긴이** 조현수 **펴낸이** 김문영 **펴낸곳** 이숲 **등록** 2008년 3월 28일 제301-2008-086호 **주소** 경기도 파주시 책향기로 320, 2-206 **전화** 031-947-5580 **팩스** 02-6442-5581 **홈페이지** www.esoope.com **이메일** esoope@naver.com **인스타** @esoop_publishing
ISBN 979-11-91131-64-2 07130 ⓒ 이숲, 2024, printed in Korea.